About this dictionary

This dictionary lists up-to-date words you need to get around in Spain. If the word you want is missing, try to think of a different one that you could use instead.

In the English to Spanish list (pages 4-43), illustrations with labels provide lots of extra words. If you are ever unsure of their meaning, look them up in the Spanish to English list (pages 46-64).

Below are some tips about using this dictionary. Newcomers to Spanish should also see **Getting by in Spanish** (pages 44-45).

Entry

A typical entry in the English to Spanish list looks like this:

This is the word you looked up.

This is the Spanish translation.

air aire [m] *aire;*

This is the Spanish pronunciation hint. Read it as if it were an English word and you will be close to the Spanish.

"or" introduces an extra Spanish translation. Words in brackets hint at the difference in meaning:

advertisement (in paper) anuncio [m] *anoontheeo*, **or (at cinema, on TV)** publicidad [f] *poobleetheedath*

Verbs

Verbs (see pages 44-45) are listed in the infinitive form, e.g. "to eat", but you will find them listed under "e" for eat, etc.

to eat comer *komer*

Expansions

Some words have expansions to include words that are associated with them:

contact lens lentillas [f] *lentilyass*; **soft/hard lens:** lentillas duras/blandas *lentilyass doorass/blandass;* **cleansing/rinsing solution:** líquido limpiador de lentillas *likeedo leempeeador*

Masculine and feminine

Most Spanish nouns (see page 44) are masculine or feminine ("el" or "la"). So that you know which each is, they are listed with either [m] or [f] after them.

Most Spanish adjectives (see page 44), have two forms: masculine and feminine. The feminine is usually formed by knocking off the masculine "o" at the end of the word and inserting an "a". Although they are not both spelt out, both of the pronounciations are shown.

adopted adoptivo/a *adoptibo/adoptiba*

In some instances the adjective is the same for both masculine and feminine:

snobbish esnob [m/f] *essnob*

Slang

* indicates that words are familiar or mild slang, and are best avoided in formal situations:

guy hombre [m]/ tío* [m] *ombre/ teeo*

Absolute essentials

Here are some useful, ready-made phrases you may need:

I'd like...
Quería...
kereea

Could I have...?
¿Me da...?
me da

Where is...?
¿Dónde está...?
donde essta

What's this?
¿Qué es (esto)?
ke ess (essto)

I don't understand.
No comprendo.
no komprendo

Leave me alone!
¡Déjame en paz!
dehame en path

How much is this?
¿Cuánto es esto?
kooanto ess essto

I'm very sorry.
Lo siento muchísimo.
lo syento mootsheesseemo

Do you speak English?
¿Habla usted ingles?
abla oossteth eengless

A little slower, please.
Un poco más despacio, por favor.
oon poko mass desspatheeo por fabor

Could you write it down for me?
¿Le importa escribírmelo?
le eemporta esskreebeermelo

What's that called in Spanish?
¿Cómo se llama eso en español?
komo se lyama esso en esspanyol

Can you say that again, please?
¿Me lo puede repetir, por favor?
me lo pooede repeteer por fabor

Could you tell me where the toilet is?
¿Me puede decir dónde está el servicio?
me pooede detheer donde essta el sserbeetheeo

Numbers

0 cero *thero*
1 uno *oono*
2 dos *doss*
3 tre *tres*
4 cuatro *kooatro*
5 cinco *theenko*
6 seis *seyss*
7 siete *syete*
8 ocho *otsho*
9 nueve *nooebe*
10 diez *dyeth*
11 once *onthe*
12 doce *dothe*
13 trece *thethe*
14 catorce *katorthe*
15 quince *keenthe*
16 dieciséis *dyetheeseyss*
17 diecisiete *dyetheesyete*
18 dieciocho *dyetheeotsho*
19 diecinueve *dyetheenooebe*
20 veinte *veynte*
21 veintiuno *veynteeoono*
22 veintidós *veynteedoss*
30 treinta *treynta*
40 cuarenta *kooarenta*
50 cincuenta *theenkooenta*
60 sesenta *ssessenta*
70 setenta *ssetenta*
80 ochenta *otshenta*
90 noventa *nobenta*
100 cien *thyen*
101 ciento uno *thyento oono*
102 ciento dos *thyento doss*
200 doscientos *dossthyentoss*
210 doscientos diez *dossthyentoss dyeth*
1000 mil *meel*
1 100 mil cien *meel thyen*
1 200 mil doscientos *meel dossthyentoss*
2 000 dos mil *doss meel*
10 000 diez mil *dyeth meel*
100 000 cien mil *thyen meel*
1000 000 un millón *oon meelyon*
2000 000 dos millones

a, an un [m] *oon,* una [f] *oona;* unos [mpl] *oonos* unas [fpl] *oonas*
about (approximately) aproximadamente *aproksseemadamente;* **what´s it about? (film, book)** ¿De qué trata? *de ke trata*
above encima de *entheema de*
abroad en el extranjero *en el eksstranhero*
accent acento [m] *athento*
to accept aceptar *atheptar*
accident accidente [m] *aktheedente* **accommodation (places to stay)** alojamiento [m] *alohamyento*
to ache doler *doler* (see picture); **to have a headache/backache etc.** tener dolor de *tener dolor de*
to act (theatre) interpretar *eenterpretar*
actor actor [m] *aktor*
actress actriz [m] *aktreeth*
to add añadir *anyadeer*
address dirección [f] *deerektheeon*
adopted adoptivo [m]/ adoptiva [f] *adopteebo/ adopteeba*
adult adulto [m]/ adulta [f] *adoolto/adoolta*
adventurous aventurero [m]/aventurera [f] *abentoorero/ abentoorera*
advertisement (in paper) anuncio [m] *anoontheeo,* **or (on TV)** publicidad [f] *poobleetheedath,* **or (classified ads)** anuncios por palabras *anoontheeos por palabrass*
advice consejo [m] *konsseho*

aerobics aerobic [m] *aerobeek*
Africa África *Afreeka*
after después *desspooess*
afternoon tarde [f] *tarde*
again de nuevo, otra vez *de nooebo, otra beth*
against contra *kontra*
age edad [f] *edad;* **underage:** menor [m/f] *menor*
ago hace *hathe;* **ten days**

to ache tener dolor de

Tengo dolor de cabeza.
Tengo dolor de kabetha

Tengo dolor de muelas.
Tengo dolor demooelass

Tengo dolor de oídos.
Tengo dolor de oeedoss

Tengo dolor de estómago.
Tengo dolor de esstomago

Tengo dolor de riñones.
Tengo dolor de reenyoness

ago: hace diez días *hathe dyeth deeyas*
to agree estar de acuerdo *esstar de akooerdo*
aid ayuda [f] *ayooda*
AIDS SIDA [m] *sseeda*
air aire [m] *aeere;*
air-conditioned aire acondicionado [m] *aeere akondeetheeonado*
airline línea aérea *leenea aerea*
airmail correo aéreo [m] *corrreo aereo*
airport aeropuerto [m] *aeropooerto*
alarm clock despertador [m] *desspertador*
album álbum [m] *alboom*
alcohol alcohol [m] *alkohol*
alcoholic alcohólico [m], alcohólica [f] *alkoleeko/ alkoleeka,* **non-alcoholic:** sin alcohol *seen alkol*
all todo/a/os/as *todo/a/oss/ass;*
all right: de acuerdo, vale *de acooerdo, bale*
allergy alergia [f] *alercheea*
almost casi *kassee*
alone solo/a *ssolo/a*
already ya *ya*
also también *tambyen*
alternative original *oreeheenal*
always siempre *syempre*
amazing increíble, genial *eenkreyble, heneeal*
ambulance ambulancia [f] *amboolantheea*
America América *Amereeka*
American americano/a *amereekano/a*
and y *ee*

angry enfadado/a *enfadado/a*
animal animal [m/f] *aneemal*
ankle tobillo [m] *tobeelyo*
to annoy enfadar *enfadar;*
to get annoyed: enfadarse *enfadarsse*
annoying molesto *molessto,* **or** fastidioso *fassteedeeosso*
answer respuesta [f] *resspooessta*
to answer responder *ressponder*
answering machine contestador automático [m] *kontesstador aootomateeko*
antibiotic antibiótico [m] *anteebeeoteeko*
antiseptic antiséptico [m] *anteessepteeko*
any algún/a/os/as *algoon/a/oss/ass;* cualquier/a *kooalkeyer/a*
anyone cualquiera *kooalkeyera*
anything cualquier cosa *kooalkeyer kossa*
anywhere en cualquier sitio *en kooalkeyer sseeteeo*
apple manzana [f] *manthana* (see picture); **apple pie:** tarta de manzana [f] *tarta de manthana;* **apple turnover:** empanada de manzana *empanada de manthana*
appointment cita [f] *theeta*
apricot melocotón [m] *melokoton*
April abril *abreel*
Arab árabe *arabe*
archeology arqueología [f] *arkeoloheea*
architecture arquitectura [f] *arkeetektoora*
area región [f] *reheeon;* **part of town:** barrio [m] *barrreeo*
argument disputa [f]

deesspoota; **to have an argument:** discutir *deesskooteer*
arm brazo [m] *bratho*
around alrededor de *alrededor de*
arrivals llegadas *lyegadass*
to arrive llegar *lyegar*
art arte [m] *arte;* **or (school subject)** dibujo [m] *deebooho;* **art school:** escuela de bellas artes *esskooela de belyass artess;* **art gallery:** galería de arte [f] *galereea de arte*
artist artista [m/f] *arteessta*
as como *como,* **or 'as ... as'** e.g. **'as tall as':** tan ... como *tan komo;* **as usual:** como siempre *komo ssyempre*
Asia Asia *Asseea*
to ask (a question) preguntar *pregoontar,* **or (for something)** pedir *pedeer,* **or (to ask out)** invitar *eenbeetar*
aspirin aspirina [f] *asspeereena*
assistant dependiente [m/f] *dependyente*
asthma asma [m] *assma*
at (time) a las *a lass;* **or (place)** en *en;* **or (at X's place)** en casa de *en kassa de*
to attack atacar *atakar*
attractive atractivo/a *atrakteebo/a*
audience público [m] *poobleeko*
August agosto *agossto*
Australia Australia *Aoosstraleea*
Australian australiano/a *aoosstraleeano/a*
author autor/a *aootor/a*
autumn otoño *otonyo*
average (noun) promedio [m]/ media [f] *promedeeo/ medeea;* **or (adj)** mediano/a *medeeano/a*

apple la manzana
el rabillo *rabeelyo*
la piel *pyel*
el corazón *korathon*
la pepita *pepeeta*

avocado aguacate [m] *agooakate*
to avoid evitar *ebeetar*
away a *a;* **it's 3km away:** está a tres kilómetros *essta a tress keelometross*
awful horrible [m/f] *horrreeble*

baby bebé [m] *bebe;* **babysitting:** servicio de canguros [m] *serbeethceo de kangooross*
back parte de atrás [f] *parte de atrass;* **or (part of body)** espalda [f] *esspalda*
backpack mochila [f] *motsheela*
backpacker mochilero/a *motsheelero/a*
bad malo/a/os/as *malo/a/oss/ass;* **not bad:** no está mal *no essta mal;* **really bad:** malísimo *maleessemo;* **too bad!:** ¡Qué pena! *ke pena*
badge insignia [f] *eenseegneea,* **or** chapa [f] *tshapa;* **small badge:** pin [m] *peen*
badminton bádminton [m] *badmeenton*
bag bolso [m] *bolsso*

baggage el equipaje *ekeepahe*
baker's panadería [f] *panadereea*
balcony balcón [m] *balkon*
ball pelota [f] *pelota;* balón [m] *balon*
ballet ballet [m] *ballet*
banana plátano [m] *platano*
band grupo [m] *groopo* **(see picture)**
bank banco [m] *bangko*
bar bar [m] *bar;* **counter:** mostrador [m] *mosstrador*
bargain ganga [f] *ganga*
baseball béisbol [m] *beyeesbol*
basketball baloncesto [m] *balonthessto*
bat bate [m] *bate;* **tennis:** raqueta [f] *raketa*
bath baño [m] *banyo*
bathroom cuarto de baño [m] *kooarto de banyo*
battery pila [f] *peela;* **car:** batería [f] *batereea*
to be ser/estar *ser/esstar;* **or (to be hot/hungry/X years**

old) tener *tener;* **or (for weather)** hacer *ather*
beach playa [f] *playa*
beans judías [f] *hoodeeas;*
green beans: judías verdes [f] *hoodeeass berdess*
bear (animal) oso [m] *osso*
beard barba [f] *barba*
beat ritmo [m] *reetmo*
beautiful bonito/a *boneeto/a*
because porque *porke;*
because of: por *por*
to become volverse *bolbersse*
bed cama [f] *kama;* **double bed:** cama de matrimonio [f] *kama de matreemoneeo;*
bed and breakfast: cama y desayuno, pensión [f] *kama ee dessayoono, penseeon*
bee abeja [f] *abeha*
bedroom dormitorio [m] *dormeetoreeo*
beetle escarabajo [m] *esskarabaho*
beef carne de vaca [f] *karne de baka*

beer cerveza [f] *therbetha;* **on tap:** caña [f] *kanya*
before antes *antess*
beggar mendigo [m] *mendeego*
begin (to begin) comenzar *komenthar*
beginner principiante [m/f] *preentheepeeante*
beginning principio [m] *preentheepeeo*
behind detrás *detrass*
Belgium Bélgica *Belcheeka*
below abajo *abaho*
belt cinturón [m] *theentooron*
bend curva [f] *koorba*
beside al lado de *al lado de*
best el mejor/la mejor *el/la mehor;* **or (it's the best)** lo mejor *lo mehor*
better mejor *mehor;* **it is better to:** es mejor... *ess mehor...*
between entre *entre*
big grande [m/f] *grande*
bike bicicleta [f] *beetheekleta* **(see picture on opposite page); racing bike:** bicicleta de carreras [f] *betheekleta de karrrerass;* **mountain bike:** bicicleta de montaña [f] *betheekleta de montanya;* **by bike:** en bici *en beethee*
biker ciclista [m/f] *theekleessta*
bill cuenta [f] *kwenta*
bin basura [f] *bassoora*
binoculars prismáticos [m] *preessmateekoss*
biodegradable biodegradable *byodegradable*
bird pájaro [m] *paharo*
birthday cumpleaños [m] *koompleanyoss;* **happy birthday:** feliz cumpleaños *feleeth koompleanyoss*
biscuit galleta [f] *galyeta*

band grupo (m)

el guitarrista *geetarrreessta*
la batería *batereea*
el batería *batereea*
el teclista *tekleessta*
el saxo* *saksso*
el sintetizador *seenteteethadorr*
el micrófono *meekro-fono*
la guitarra *geetarrra*
el saxofonista *sakssofoneessta*
el cantante *kantante*

bit (of cake) trozo [m] *trotho;*
a bit tired: un poco cansado
oon poko kanssado
to bite morder *morder* **or**
(insect) picar *peekar*
bitter amargo/a *amargo/a*
black negro/a *negro/a*
blanket manta [f] *manta*
to bleed sangrar *ssangrar*
blind ciego/a *thyego/a*
blister ampolla [f] *ampolya*
bloke tío [m] *teeo,* tipo [m]
teepo
blond rubio/a *roobeeo;* **the**
blond guy/girl: el rubio/la
rubia *el roobeeo/la roobeea*
blood sangre [f] *ssangre;*
blood pressure: tensión
arterial [f] *tensseeon artereeal*
blue azul *athul*
to board (ship etc.)
embarcarse *embarkarsse*
boarding pass tarjeta de
embarque [f] *tarheta de
embarke*
to boast presumir
pressoorneer
boat (big boat) barco [m]
barko; **or (small boat)**
barca [f] *barka*
body cuerpo [m] *kooerpo*
boiled cocido/a *kotheedo/a*
bone hueso *ooesso;* **fish**
bone: espina [f] *esspeena*
book libro [m] *leebro*
to book reservar *resserbar;*
booked up: completo/a
kompleto/a
bookshop librería [f]
leebrereea
boot (shoe) bota [f] *bota*
bored (to be bored) estar
aburrido *esstar aboorrreedo;*
or (to get bored) aburrirse
aboorrreersse
boring aburrido/a
aboorrreedo/a

bike bicicleta (f)

el manillar *maneelyar*
el sillín *seelyen*
la rueda *rooeda*
la cadena *kadena*
el pedal *pedal*
la bomba *bomba*
el freno *freno*
las marchas *martshass*

to borrow pedir prestado
pedeer presstado
boss jefe/a *hefe/a*
both ambos/as *amboss/ass;*
or los/las dos *loss/lass duss*
bottle botella [f] *botelya;*
bottle opener: sacacorchos
[m] *sakakortshoss*
bottom la parte inferior [f]
la parte eenfereeor; **or (river,**
pool, glass) fondo [m] *fondo;*
or (bum) culo [m] *koolo*
bowl cuenco [m] *kwenko*
bowling bolos [m] *boloss*
boxer shorts calzoncillos [m]
kalthontheelyoss
box office taquilla [f] *takeelya*
boy chico [m] *tsheeko;* **or**
(young boy) niño [m] *neenyo*
boyfriend novio *nobeeo*
bra sujetador [m] *suhetador*
brakes frenos [m] *frenoss*
brave valiente [m/f] *balyente*
bread pan [m] *pan;*
wholemeal bread: pan

integral [m] *pan eentegral*
to break romper *romper;*
breakfast desayuno [m]
dessayoono
breast pecho [m] *petsho*
breath aliento [m] *alyento;*
out of breath: sin aliento
seen alyento
to breathe respirar
resspeerar
bridge puente [m] *pwente*
bright (clever) inteligente
[m/f] *eenteleehente;* **or**
(colour) vivo [m] *beebo*
brilliant genial, fantástico
heneeal, fantassteeko
to bring (person) llevar
lyebar; **thing:** traer *traer*
Britain Gran Bretaña *gran
bretanya*
broke sin blanca *seen blanka*
broken roto/a *roto/a*
brother hermano *ermano*
brown marrón *marrron*
tanned: moreno/a *moreno/a*
bruise cardenal [m] *kardenal*
brush cepillo [m] *thepelyo;*
paintbrush: pincel [m]
peenthel
bug microbio [m] *meekrobeeo;*
insect: insecto [m] *eenssekto*
building edificio [m]
edeefeetheeo
bull toro [m] *toro*
bump chinchón [m]
tsheentshon; **to bump into**
something: chocar contra
tshokar kontra; **to bump**
into someone by chance:
encontrarse con *enkontrarsse
kon*
to bunk off largarse/ abrirse/
pirarse *largarsse/ abreersse/
peerarsse*
to burn quemar *kemar*
to burst explotar *ekssplotar*
bus autobús [m] *aotobooss*

7

bus station estación de autobuses [f] *esstatheeon de aootobossess;* **bus stop:** parada de autobús [f] *parada de aootobooss;* **to take the bus:** coger el autobús *coher el aotobooss*

busy ocupado/a *okoopado/a*

but pero *pero*

butcher's carnicería [f] *karneethereea*

butter mantequilla [f] *mantekeelya*

butterfly mariposa [f] *mareepossa*

button botón [m] *boton*

to buy comprar *komprar*

by (near) cerca de *therka de;* **saved by someone:** por *por;* **or (by my/your/him/herself)** solo/a *ssolo/a*

bye adiós, hasta luego *adeeoss, assta looego*

café cafetería [f] *kafetereea*

cake pastel [m] *passtel;* **cake shop:** pastelería [f] *passtelereea;* **it´s a piece of cake:** está chupado* *essta choopado*

calculator calculadora *kalkooladora*

to call llamar *lyamar;* **to be called:** llamarse *lyamarsse*

calorie caloría [f] *kaloreea;* **low calorie:** bajo en calorías *baho en kaloreeass*

camcorder cámara de vídeo [f] *kamara de beedeo*

camera cámara fotográfica [f] *kamara fotografeeka* (see picture); **digital camera:** cámara digital [f] *kamara deeheetal*

to camp acampar *akampar;* **to go camping:** ir de camping *eer de kampeeng*

campsite camping [m] *kampeeng* (see picture on opposite page)

can lata [f] *lata;* **can opener:** abridor [m] *abreedor*

can poder *poder;* **to know how to:** saber *saber*

candle vela [f] *bela*

canoe canoa [f]/ piragua [f] *kanoa/ peeragooa;* **to go canoeing:** ir en canoa *eer en kanoa*

cap gorra [f] *gorrra*

capital capital [f] *kapeetal*

captain capitán [m] *kapeetan*

car coche [m] *kotshe;* **car park:** aparcamiento [m] *aparkamyento*

card postal [f] *posstal;* **credit card:** tarjeta de crédito [f] *tarheta de kredeeto;* **a game of cards:** partida de cartas [f] *parteeda de kartass*

care (I don´t care!) ¡Me da igual! *me da eegooal* ¡No me importa! *no me eemporta*

career carrera [f] *karrrera*

careful prudente *proodente;* **to be careful:** tener cuidado *tener kooeedado*

carnival carnaval [m] *karnabal*

carrot zanahoria [f] *thanaorreea*

to carry llevar *lyebar*

cartoon dibujos animados [m] *deeboohoss aneemadoss*

case (in case) en caso de *en kasso de*

cash dinero efectivo/ metálico *deenero efekteebo/ metaleeko;* **to pay cash:** pagar en efectivo/ en metálico *pagar en efekteebo/ en metaleeko;* **cash dispenser:** cajero automático

camera cámara fotográfica (f)

el carrete *karrrete*   el flash *flassh*

el zoom *thoom*

el objetivo *obheteebo*

la tapa *tapa*   el parasol *parassol*

[m] *kahero aootomateeko*

castle castillo [m] *kasteelyo*

casual casual *kassooal*

cat gato [m] *gato*

to catch coger *koher*

cathedral catedral [f] *katedral*

Catholic católico/a *katoleeko/a*

cauliflower coliflor [f] *coleeflor*

cave cueva [f]/ caverna [f] *kooeba/ kaberna*

caving espeleología [f] *esspeleoloheea*

CD CD [m]/ compact disc [m]/ disco compacto [m] *thee dee/ kompakt deesk/ deesko kompakto;* **CD player:** reproductor de CD [m] *reprodooktor de thee dee*

to celebrate celebrar *thelebrar*

cellar sótano [m] *ssotano;* **for wine:** bodega [f] *bodega*

cemetery cementerio [m] *thementereeo*

centre centro [m] *thentro*

century siglo [m] *seeglo*

cereal cereales [m] *therealess*

chair silla [f] *sseelya;* **with arms:** sillón [m] *seelyon*

champion campeón/a *kampeon/a*
championship campeonato [m] *kampeonato*
chance (accident) casualidad [f] *cassooaleedath*
opportunity: oportunidad [f] *oportooneedath;* **risk:** riesgo [m] *rrryessgo;* **by chance:** de casualidad *de kassooaleedath*
change cambio [m] *kambeeo;* **money:** cambio [m]/ suelto [m] *kambeeo/ ssooelto*
to change cambiar *kambeear*
changing-room probador [m] *probador*
channel canal [m] *kanal;* **the Channel:** el canal de la Mancha *el kanal de la Mantsha;* **the Channel tunnel:** el túnel de la Mancha *el toonel de la Mantsha;* **the Channel Islands:** las islas Anglonormandas *lass eesslass Anglonormandass*
chaos caos [m] *kaoss*
chap* tío*/ tipo* [m] *teeo/ teepo*
character carácter [m] *karakter;* **person in cartoon etc:** personaje [m] *personahe*
charity institución benéfica [f] *eenssteetootheeon benefeeka*

charter flight vuelo charter [m] *booelo tsharter*
charts los cuarenta principales [m] *loss kooarenta preentheepaless*
to chat charlar *tsharlar* **or (to chat up)** ligar con *leegar kon*
cheap barato/a/os/as *barato/a/oss/ass*
cheaper más barato/a/os/as *mass barato/a/oss/ass*
to cheat hacer trampa *ather trampa*
to check (a fact, date) verificar *bereefeekar,* **or (a passport, ticket)** controlar *kontrolar;* **to check in (luggage)** facturar el equipaje *faktoorar el ekepahe*
check-in (at airport) facturación de equipajes *factooratheeon de ekeepahess*
check-out (cash register) caja [f] *kaha*
cheeky descarado/a *desskarado/a*
cheers salud *salood*
cheer up! ¡anímate! *aneemate*
cheese queso [m] *kesso*
chemist's farmacia [f] *farmatheea*

cheque cheque [m] *tsheke*
cheque book talonario de cheques [m] *talonareeo de tshekess*
cherry cereza [f] *theretha*
chest pecho [m] *petsho*
chewing gum chicle [m] *tsheekle*
chicken pollo [m] *polyo*
child niño/a *neenyo/a*
chips patatas fritas [f] *patatass freetass*
chocolate chocolate [m] *tshokolate;* **hot chocolate:** chocolate caliente [m] *tshokolate kalyente*
choice elección [f] *elektheeon*
choir corazón [m] *korathon*
to choose elegir *eleheer*
chop chuleta [f] *tshooleta*
Christian cristiano/a *kreesteeano/a*
Christmas Navidad [f] *Nabeedath*
to chuck (throw) tirar *teerar,* **or (finish with a boy/ girlfriend)** dejar a *dehar a*
church iglesia [f] *eeglesseea*
cider sidra [f] *seedra*
cigarette cigarrillo [m] *theegarrreelyo*
cinema cine [m] *theene*
circus circo [m] *theerko*

campsite el camping
la tienda de campaña *tyenda de kampanya*
la caravana *karabana*
la caravana *karabana*
la hamaca *amaka*
el mazo *matho*
los servicios *sserbeetheeooss*
la cantimplora *kanteemplora*
el camping gas *kampeeng gass*
la estaca *esstaka*
la recepción *retheptheeon*

9

climbing escalada (f) **or** alpinismo (m)

las rocas *rokass*

los mosquetones *mossketoness*

el alpinista *alpeeneessta*

el casco *kassko*

la correa *korrrea*

la magnesia *magnesseea*

la bolsa de magnesia *bolssa de magnesseea*

el arnés *arness*

los pies de gato *pyess de gato*

la cuerda *kooerda*

city ciudad [f] *theeoodath*
classical clásico/a *klasseeko/a*
clean limpio/a *leempeeo/a*
clever inteligente [m/f] *eenteleehente* **or (cunning)** astuto *asstooto* **or (to be gifted)** tener talento *tener talento*
cliff acantilado [m] *akanteelado*
to climb escalar *esskalar*
climber escalador [m/f] *esskaladoor*
climbing escalada [f]/ alpinismo [m] *esskalada/ alpeeneessmo* **(see picture)**
cloakroom guardarropa [m] *gooardarrropa*
close cerca de *therca de,* **or (feeling)** íntimo *eenteemo,* **or (as in close friend)** amigo íntimo *ameego eenteemo;*
close by: muy cerca *mooy therka*
to close cerrar *therrar*
closed cerrado/a *therrrado/a*
clothes ropa [f] *rrropa*
cloud nube [f] *noobe*
club club [m] *cloob;* **night club:** discoteca [f] *deesskoteka*
clubbing (to go clubbing) salir de marcha *saleer de martsha*
coach autobús [m] *aootobooss;* **or (trainer)** entrenador [m] *entrenador*
coast costa [f] *kossta*
coat abrigo [m] *abreego*
code código [m] *kodeego;* **phoning:** prefijo [m] *prefeeho*
co-ed (school) mixta *meekssta*
coffee café [m] *kafe;* **black coffee:** café solo [m] *kafe ssolo;* **with milk:** café con leche [m] *kafe kon letshe;* **a decaffeinated:** descafeinado [m] *desskafeynado*
coin moneda [f] *moneda*

cold frío *freeo;* **chilled:** helado *elado;* **to be cold (person):** tener frío *tener freeo;* **it is cold (weather):** hace frío *athe freeo;* **to have cold feet:** entrarle miedo *entrarle myedo*
cold (illness) resfriado *rrressfreeado;* **to have a cold:** estar constipado/a *esstar konsteepado/a*
to collect coleccionar *kolektheeonar*
colour color [m] *kolor*
to come venir *beneer;* **to come back:** volver *bolber;* **to come in:** entrar *entrar*
comfortable cómodo *komodo;* **to be/feel comfortable:** encontrarse a gusto *enkontrarsse a goosto*
comic book tebeo [m] *tebeo*
common común [m/f] *komoon*
compass brújula [f] *broohoola*
competition concurso [m] *konkoorsso;* **people:** competencia [f] *kompetentheea*
to complain quejarse *keharsse*
completely completamente *kompletamente*
compulsory obligatorio *obleegatoreeo*
computer ordenador [m] *ordenador;* **computer studies:** informática [f] *enformateeka*
concert concierto [m] *kontheeyerto*
to confuse confundir *konfoondeer*
congratulations enhorabuena *enhorabooena*
connection correspondencia [f]/ enlace [m] *korrresspondentheea/ enlathe*

conservation preservación [f] *presserbatheeon*

constipated estreñido/a *esstrenyeedo/a*

consulate consulado [m] *konsoolado*

to contact ponerse en contacto *ponersse en kontakto*

contact lens lentillas [f] *lenteelyass;* **soft/hard lens:** lentillas duras/blandas *lenteelyass doorass/blandass;*

cleansing/rinsing solution: líquido limpiador de lentillas *leekeedo leempeeador de lenteelyass*

contemporary contemporáneo/a *kontemporaneo/a*

to continue continuar *konteenooar*

contraceptive anticonceptivo [m] *anteekonthepteebo*

conservation conservación [f] *konsserbatheeon*

to cook cocinar *kotheenar*

cool (relaxed) tranquilo/a *trankeelo/a;* **trendy:** moderno/a *moderno/a,* **or** guay* *gooay*

to cope arreglárselas *arrreglarsselass;* **to face up to:** enfrentarse con *enfrentarsse kon*

to copy copiar *kopeear*

cork corcho [m] *kortsho*

corkscrew sacacorchos [m] *ssakakortshoss*

corner esquina [f] *esskeena*

correct correcto/a *korrrecto/a*

Corsica Córcega *korthega*

cosmopolitan cosmopolita *kossmopoleeta*

cost costar *kosstar*

cotton algodón [m] *algodon;* **cotton wool:** algodón

hidrófilo [m] *algodon heedrofeelo*

country país [m] *paeess;*

countryside: campo [m] *kampo*

course curso [m] *koorsso;* **meal:** plato [m] *plato;* **first course:** primer plato [m] *preemer plato;* **of course:** por supuesto *por soopooessto*

court (tennis, squash) pista [f]/ cancha [f] *peesta/ kantsha*

cousin primo/a *preemo/a*

to cover cubrir *koobreer*

cow vaca [f] *baka*

coward cobarde [m/f] *kobarde*

to crack venirse abajo/ darse por vencido *beneersse abaho/ darsse por bentheedo;*

to crack a joke: contar un chiste *kontar oon tsheesste;*

to crack up: morirse de risa *moreersse de reessa*

cramp calambre [m] *kalambre*

crazy loco/a *loko/a;* **to drive crazy:** volver loco/a *bolber loko/a;* **to be crazy:** estar loco/a por *esstar loko/a por;*

you must be crazy: ¿estás loco/a? *esstass loko/a*

credit card tarjeta de crédito [f] *tarheta de kredeeto*

creepy horripilante, que pone la carne de gallina *orrreepeelante, ke pone la karne de galyeena*

cricket criquet [m] *kreeket* **or (insect)** grillo [m] *greelyo*

crime crimen [m] *kreemen*

crisis crisis [f] *kreesseess*

crisps patatas fritas [f] *patatass freetass*

to criticize criticar *kreeteekar*

cross (angry) enfadado/a *enfadado/a;* **sign:** cruz [f] *krooth*

to cross cruzar *kroothar*

crossing (by ferry etc.) travesía [f] *trabersseea*

crossroads cruce [m] *kroothe*

crossword crucigrama [m] *krootheegrama*

cruel cruel [m/f] *krooel*

crush (I´ve got a crush on him/her) estoy perdido/a por él/ella *esstoy perdeedo/a por el/elya*

to cry llorar *lyorar*

cucumber pepino [m] *pepeeno*

cult culto [m] *coolto*

cultural cultural *cooltooral*

culture cultura [f] *cooltoora*

cup taza [f] *tatha*

cupboard armario [m] *armareeo*

curious curioso/a *kooreeosso/a*

custom costumbre [f] *kosstoombre*

customer cliente/a *klyente/a*

customs aduana [f] *adooana*

to cut cortar *kortar*

to dance bailar *baeelar*

dancer (ballet etc.) bailarín/a *baeelareen;* **or (flamenco)** bailaor/a *baeelaor/a*

dangerous peligroso/a *peleegrosso/a*

to dare atreverse *atrebersse;* **challenge:** desafiar *dessafeear*

dark oscuridad [f] *osskooreedath;* **or (colour)** oscuro *osskooro;* **it is dark:** es de noche *ess de notshe*

date fecha [f] *fetsha,* **or (meeting)** cita [f] *theeta;* **date of birth:** fecha de nacimiento *fetsha de natheemyento;* **up to date:** actualizado/a *aktooaleethado/a;* **out of date:** caducado/a *kadookado/a*

11

day día [m] *deea;* **the next day:** el próximo día [m] *el proksseemo deea;* **the day before:** el día antes [m] *el deea antess;* **day off:** día libre [m] *deea leebre*

dead muerto/a *mooerto/a*

deaf sordo/a *ssordo/a*

dear querido/a *kereedo/a*

decaffeinated descafeinado [m] *desskafeynado*

December diciembre *deetheeyembre*

to decide decidir *detheedeer*

deck (on boat) cubierta [f] *coobyerta;* **deck chair:** tumbona [f] *toombona*

deep profundo/a *profoondo/a*

degree (temperature) grado [m] *grado;* **(university)** licencia tura [f] *leethentheeatoora*

delicatessen delicatessen [m/f] *deleekatessen*

delicious delicioso/a *deleetheeosso/a*

democracy democracia [f] *demokratheea*

demonstration manifestación [f] *maneefesstatheeon*

denim (denims) pantalón vaquero *pantalon bakero*

dentist dentista [m/f] *denteesta*

deodorant desodorante [m] *dessodorante*

department store grandes almacenes [m] *grandess almatheness*

departure salida [f] *ssaleeda;* **departure lounge:** sala de embarque [f] *ssala de embarke*

to depend depender *depender*

deposit depósito [m] *deposseeto*

depressing deprimente [m/f] *depreemente*

to describe describir *desskreebeer*

desk escritorio [m] *esskreetoreeo*

dessert postre [m] *posstre*

detail detalle [m] *detalye*

detour desviación [f] *dessbeeatheeon*

diabetic diabético/a *deeabeteeko/a*

dialect dialecto [m] *deealekto*

dialling tone señal para marcar [f] *senyal para markar*

diarrhoea diarrea [f] *deearrrea*

diary agenda [f] *ahenda,* **or (private book)** diario [m] *deeareeo*

dice dado [m] *dado*

dictionary diccionario [m] *deektheeonareeo*

diesel gasoil [m] *gassoeel*

diet régimen [m] *reheemen;* **to go on a diet:** ponerse a dieta *ponersse a dyeta*

different diferente [m/f] *deeferente*

difficult difícil [m/f] *deefeetheel*

dining room comedor [m] *komedor*

dinner (evening) cena [f] *thena;* **(midday)** comida [f] *komeeda*

direction dirección [f] *deerektheeon*

director director/a *deerektor/a*

dirty sucio/a *sootheeo/a;* **or (rude)** grosero/a *grossero;* **to get dirty:** ensuciarse *ensootheearsse;* **or (dirt-cheap) está tirado** *essta teerado*

disabled incapacitado/a *eenkapatheetado/a;* físico *feeseeko;* incapacitado/a *eenkapatheetado/a;* mental *mental*

disadvantage desventaja [f] *dessbentaha*

disappointed desilusionado/a *desseeloosseeonado/a*

diving el buceo

el cinturón de plomo *theentooron de plomo*

el chaleco estabilizador *tshaleko esstabeeleethador*

la botella de oxígeno *botelya de oksseegeno*

la buceadora *bootheeadora*

las aletas *aletass*

las gafas de buceo *bootheo*

el descompresor *desskompressor*

el traje de buceo *trahe de bootheo*

el tubo de respiración *toobo de resspeeratheeon*

la consola *konssola*

disaster desastre [m] *dessasstre*
disk jockey pinchadiscos [m] *peentshadeesskoss*
disco discoteca [f] *deeskoteka*
discount descuento [m] *desskooento*
discrimination discriminación [f] *desskreemeenatheeon*
to discuss discutir *deeskooteer*
disgusting asqueroso/a, repugnante *asskerosso/a, repoognante*
dish plato [m] *plato*
distance distancia [f] *deesstantheea*; **in the/from a distance:** desde lejos *dessde lehoss*
to dive bucear *boothear*
diving buceo [m] *bootheo* (see picture on opposite page); **scuba diving:** buceo con botellas de oxígeno [m] *bootheo kon botelyass de oksseeheno*; **diving board:** trampolín [m] *trampoleen*
divorced divorciado/a *deebortheeado/a*
dizzy estar mareado/a *esstar mareado/a*
to do hacer *ather*; **to do up:** abrochar *abrotshar*
doctor médico [m/f] *medeeko*
dodgy (dubious) raro/a *rrraro/a*; **risky:** arriesgado *arrryessgado*
dog perro [m] *perrro*
door puerta [f] *pooerta*
double doble [m/f] *doble*
down to go down: bajar *bahar*; **to be/feel down:** estar deprimido/a *esstar depreemeedo/a*
download descargar [f] *desskargar*
to draw (picture) dibujar *deeboohar*

dream sueño [m] *sooenyo*
dress vestido [m] *besteedo*
to dress vestirse *besteersse*
drink bebida [f] *bebeeda*; **let's go for a drink:** vamos a tomar algo *bamoss a tomar algo*
to drink beber *beber*
to drive conducir *kondootheer*; **to go by car:** ir en coche *eer en kotshe*
driver conductor [m] *kondooktor*
to drop dejar caer *dehar kaer*; **let go of:** soltar *ssoltar*; **to drop in:** pasar por *passar por*; **to drop off:** dejar *dehar*; **to drop out:** retirarse *reteerarsse*
drug droga [f] *droga*; **drug addict:** drogadicto/a *drogadeekto/a*
drunk borracho/a *borrratsho/a*
to get drunk emborracharse *emborrratsharsse*
dry seco/a *seko/a*
to dry secar *sekar*
dubbed doblado/a *doblado/a*
dump vertedero [m] *bertedero*; **dull/awful place:** lugar desagradable [m]/ tugurio [m/f] *loogar dessagradable/ toogooreeo*; **to be down in the dumps:** verlo todo negro *berlo todo negro*
dungarees mono [m]/ peto [m] *mono/ peto*
during durante *doorante*
duty-free libre de impuestos *leebre de eempooesstoss*
DVD DVD [m] *de oobe de*; **DVD player:** reproductor de DVD [m] *reprodooktor de oobe de*
dying (to be dying to) morirse por *moreersse por*; **to be dying of hunger/thirst:** morirse de hambre/sed

moreersse de ambre/ssed
each cada *kada*; **each one:** cada uno/a *kada oono/a*
ear (internal) oído [m] *oeedo*; **(external)** oreja [f] *oreha*
early temprano *temprano*
earphones auriculares [m] *aooreekoolaress*
east este [m] *esste*
Easter Semana Santa [f] *ssemana ssanta*
easy fácil *fatheel*
easy-going tranquilo/a *trankeelo/a*
to eat comer *komer*
ecology econom [f] *ekoloheea*
economy economía [f] *ekonomeea*
education educación [f] *edookatheeon*; **higher education:** enseñanza superior [f] *ensenyantha soopereeor*
egg huevo [m] *ooebo* (see picture on p.14)
elbow codo [m] *kodo*
election elección [f] *elektheeon*
electric eléctrico/a *elektreeko/a*
electricity electricidad [f] *elektreetheedath*
elevator ascensor [m] *assthenssor*
e-mail e-mail [m] *e maeel*
embarrassing embarazoso *embarathosso*; **how embarrassing!:** ¡qué vergüenza! *ke bergooentha*
embassy embajada [f] *embahada*
emergency emergencia [f] *emerhentheea*; **emergency exit:** salida de emergencia [f] *ssaleeda de emerhentheea*
empty vacío/a *batheeo/a*

end fin [m] *feen* or **(of road)** final [m] *feenal*

engine motor [m] *motor*

England Inglaterra *eenglaterrra*

English inglés/inglesa *eengless/eenglessa;* **in english:** en inglés *en eengless*

to enjoy yourself divertirse *deeberteersse*

enough bastante *basstante;* **I've had enough!:** ¡basta! **or** ¡estoy harto/a! *bassta, esstoy arto/a*

entertainment guide guía del ocio [f] *geea del otheeo*

envelope sobre [m] *sobre*

environment medio ambiente [m] *medeeo ambyente*

epileptic epiléptico *epeelepteeko;* **epileptic fit:** ataque epiléptico [m] *atake epeelepteeko*

equal igual *eegwal*

escalator escalera mecánica [f] *esskalera mekaneeka*

essential esencial *essentheeal*

EU UE Unión Europea [f] *ooneeon eooropea*

Europe Europa *eooropa;* **eastern/western Europe:** Europa del Este/occidental *eooropa del esste/oktheedental*

European europeo/a *eooropeo/a*

evening tarde [f] *tarde*

everybody todo el mundo *todo el moondo*

everything todo *todo*

everywhere por todos sitios *por todoss sseeteeoss*

to exaggerate exagerar *ekssaherar*

exam exámen [m]

ekssamen

example ejemplo [m] *ehemplo;* **for example:** por ejemplo *por ehemplo*

excellent excelente *ekssthelente*

except excepto *ekssthepto*

excess (baggage) exceso de equipaje [m] *ekssthesso de ekeepahe;* **fare:** suplemento [m] *sooplemento*

exchange cambio [m] *kambeeo;* **exchange holiday**: intercambio [m] *eenterkambeeo;* **foreign exchange office:** oficina de cambio [f] *ofeetheena de kambeeo;* **exchange rate:** tipo de cambio [m] *teepo de kambeeo*

excited entusiasmado/a *entoosseeassmado/a*

to get excited entusiasmarse *entoosseeassmarsse*

exciting emocionante *emotheeonante*

excuse excusa [f] *eksskoossa;* **excuse me:** perdone *perdone*

exercise ejercicio [m] *ehertheetheeo*

egg el huevo **(see p.13)**

el huevo cocido/duro *ooebo kotheedo/dooro*

el huevo frito *ooebo freeto*

los huevos revueltos *ooeboss rebooeltoss*

el huevo escalfado *ooebo esskalfado*

exhausted agotado/a *agotado/a*

exhibition exposición [f] *ekssposseetheeon*

exit salida [f] *saleeda*

expensive caro/a *karo/a*

experience experiencia [f] *kssperyentheea*

to explain explicar *eksspleekar*

to explore explorar *kssplorar*

extra suplementario *sooplementareeo*

eye ojo [m] *oho*

fabulous fabuloso *faboolosso*

face cara [f] *kara*

to fail (exam) suspender *ssoosspender*

to faint desmayarse *dessmayarsse*

fair justo *hoossto*

faithful fiel *fyel*

to fall caer *kaer;* **to fall for:** enamorarse de *enamorarsse de;* **a trick:** dejarse engañar *deharsse enganyar;* **to fall out:** reñir con *renyeer kon*

el huevo pasado por agua *ooebo passado por agooa*

la yema *yema*

la clara *klara*

la cáscara *kasskara*

la huevera *ooebera*

family familia [f] *fameeleea*
famous famoso/a *famosso/a;* **well-known:** conocido/a *konotheedo/a*
fan fan [m/f] *fan;* **enthusiast:** entusiasta [m/f] *entoosseeassta*
to fancy gustar *goostar;* **do you fancy?** ¿te apetece? *te apetethe*
fantastic fantástico *fantassteeko*
far lejos *lehos*
fare tarifa [f] *tareefa;* **full fare:** tarifa completa [f] *tareefa kompleta;* **reduced fare:** tarifa reducida [f] *tareefa redootheeda*
farm granja [f] *granha*
fashion moda [f] *moda*
fashionable de moda *de moda*
fast rápido *rapeedo;* **quickly:** rápidamente *rapeedamente*
fat (on meat) grasa [f] *grassa;* **large:** gordo/a *gordo/a;* **to get fat:** engordar *engordar*
father padre [m] *padre*
favourite favorito/a *faboreeto/a*
February febrero *febrero*
fed (to be fed up) estar harto/a de *esstar arto/a de*
to feel (as in to feel happy/good) sentirse *ssenteersse* **or (as in to feel hot/hungry)** tener *tener;* **to feel like:** apetecer *apetether*
feminist feminista [m/f] *femeeneessta*
ferry ferry [m] *ferry*
fever fiebre [f] *fyebre*
few unos pocos *oonoss pokoss*
fig higo [m] *eego*
fight pelea [f] *pelea;* **organized fight:** combate [m] *kombate*

figure (as in to have a good figure) tener buen tipo *tener booen teepo*
to fill rellenar *relyenar;* **to fill up:** llenar *lyenar*
film (in cinema) película [f] *peleekoola;* **in camera:** carrete [m] *karrrete*
to find encontrar *enkontrar;* **to find out:** informarse *eenformarsse;* **discover:** descubrir *desskoobreer*
fine (penalty) multa [f] *moolta,* **or (OK)** bien *byen*
finger dedo [m] *dedo*
to finish terminar *termeenar*
fire fuego [m] *fooego;* **fire place:** chimenea [f] *tsheemenea;* **fire brigade:** bomberos [m] *bombeross;* **fire exit:** salida de emergencia [f] *saleeda de emerhentheea*
fireworks fuegos artificiales [m] *fwegoss arteefeethealess*
first el primero/la primera *preemero/preemera;* **at first:** al principio *al preentheepeeo*
first aid primeros auxilios [m] *preemeross aooksseeleeoss;*
first aid kit: botiquín [m] *boteekeen* **(see picture on p.16)**
fish pescado [m] *pesskado;* **fisherman:** pescador [m] *pesskador*
fishing pesca [f] *pesska;* **to go fishing:** ir de pesca *eer de pesska*
fit (tantrum) ataque [m] *atake;* **physically fit:** en forma *en forma;* **good-looking:** guapo/a *gooapo/a;* **to be in fits of laughter:** troncharse de risa *trontsharsse de reessa*
to fit ir bien *eer byen;* **does it fit?** ¿te va bien? *te ba byen;* **it**

fits me well: me va bien *me ba byen*
to fix reparar *rrreparar;* **to fix a date/time:** fijar una fecha/hora *feehar oona fetsha/ora*
fizzy con gas *kon gass*
flat piso [m] *peesso;* **not round:** plano/a *plano/a;* **tyre:** pinchada *peentshada*
flavour sabor [m] *ssabor*
flea market rastro [m] *rasstro*
flight vuelo [m] *booelo;* **flight attendant:** azafata [f] *athafata*
flirt ligón/a *leegon/a*
to flirt ligar *leegar*
floor piso [m] *peesso*
flop fracaso [m] *frakasso*
flower flor [f] *flor*
flu gripe [f] *greepe*
fluently con soltura *kon soltoora*
fly mosca [f] *mosska*
to fly volar *bolar;* **to go by plane:** ir en avión *eer en abeeon*
foal potro [m] *potro*
to follow seguir *segeer*
food comida [f] *komeeda;* **food-poisoning:** intoxicación alimentaria [f] *eentoksseekatheeon aleementareea*
foot pie [m] *pye;* **on foot:** a pie *a pye;* **to put your foot in it:** meter la pata *meter la pata*
football fútbol [m] *footbol;* **American football:** fútbol americano [m] *footbol amereekano* **(see picture on p.17)**
for para *para*
forbidden prohibido *proheebeedo*

foreigner extranjero/a *eksstranhero/a*
forest bosque [m] *bosske*
to forget olvidar *olbeedar*
to forgive perdonar *perdonar*
fork tenedor [m] *tenedor*
fountain fuente [f] *fooente*
frame (as in picture, bike) cuadro [m] *kooadro;* **or (glasses)** montura [f] *montoora*
France Francia *Frantheea*
to freak out (lose your cool) perder los papeles *perder loss papeless*
freckles pecas [f] *pekass*
free libre [m/f] *leebre;* **no charge:** gratis [m/f] *gratees*
to freeze (food) congelar *konhelar;* **it´s freezing:** está helando *essta elando*
French francés/a *franthess/a;* **in French:** en francés *en franthess;*
French fries: patatas fritas [f] *patatass freetass*
fresh fresco/a *fressko/a*
Friday viernes *byerness*
fridge frigorífico [m] *freegoreefeeko*
fried frito *freeto*
friend amigo/a *ameego/a*
friendly simpático/a *seempateeko/a*
frightened (to be frightened) tener miedo *tener myedo*
from de *de*
front (of car/train/dress) delantera [f] *delantera;* **of building:** fachada [f] *fatshada;* **in front of:** delante de *delante de*
fruit fruta [f] *froota*

full lleno/a *lyeno;* **hotel, etc.:** completo/a *kompleto/a;* **I´m full:** estoy lleno/a *esstoy lyeno/a*
fun divertido/a *deeberteedo/a;* **to have fun:** divertirse *deeberteersse;* **just for fun:** en broma *en broma;* **to make fun of:** burlarse de *boorlarsse de*
funfair feria [f] *fereea*
funny gracioso/a *gratheeosso/a;* extraño/a *eksstranyo/a*
fuss (to kick up a fuss) armar un lío *armar oon leeo*

gallery galería [f] *galereea*
game juego [m] *hooego* **or (football, hockey, tennis)** partido [m] *parteedo;* or **(cards)** partida [f] *parteeda;*
games consol: consola de juegos [f] *konssola de hooegoss*
garage garage [m] *garahe*
garden jardín [m] *hardeen*
garlic ajo [m] *aho*
gas gas [m] *gass*
gate (in airport) puerta [f] *pooerta*

gear (car, bike) marcha [f] *martsha*
general (in general) en general *en heneral*
generous generoso/a *henerosso/a*
geography geografía [f] *heografeea*
German alemán/a *aleman/a*
Germany Alemania *Alemaneea*
to get (buy) comprar *komprar;* **or (fetch)** ir a buscar *eer a boosskar;* **or (bring)** traer *traer;* **to get/ take a train/taxi:** coger *koher;* **or (understand)** entender *entender;* **or (to get away)** escapar *esskapar;*
to get off (bus, train) bajarse *baharsse;*
to get on (bus, train) montar *montar;* **to get along/on with:** llevarse bien con *lyebarsse byen kon;*
to get up: levantarse *lebantarsse*
girl (little) niña [f] *neenya;* **or (adult/young)** chica [f] *tsheeka*
girlfriend novia [f] *nobeea*

first aid kit el botiquín
(see p.15)

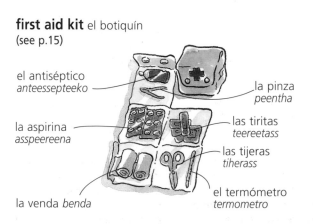

el antiséptico *anteessepteeko*
la aspirina *asspeereena*
la venda *benda*
la pinza *peentha*
las tiritas *teereetass*
las tijeras *tiherass*
el termómetro *termometro*

football fútbol [m] (see p.15)

el portero *portero*
la portería *portereea*
el hincha *eentsha*

American football fútbol americano [m]

la animadora *aneemadora*
las hombreras *ombrerass*
el casco *kassko*

la rejilla *rehilya*

el balón *balon*
el futbolista *footboleessta*
el árbitro *arbeetro*
los pies de gato *loss pyess de gato*
la camiseta *kameesseta*

to give dar *dar,* **or (gift)** regalar *regalar,* **or (to give back)** devolver *debolber,* **or to give up (chocolate, etc.):** dejar de *dehar de,* **or (to give way)** ceder el paso *theder el passo*

glass vaso [m] *basso*

glasses gafas [f] *gafass*

glove guante [m] *gooante*

go (turn) vuelta [f] *booelta;* **your go:** te toca *te toka;* **who´s go is it?:** ¿a quién le toca? *a kyen le toka;* **go-cart:** kart [m] *kart*

to go ir *eer,* **or (leave)** irse/ marcharse *eersse/ martsharsse;* **go ahead!:** ¡venga! *benga;* **to go away:** irse *eersse;* **to go back:** volver *bolber;* **to go in:** entrar *entrar;* **to go out:** salir *saleer*

goal (sport) gol [m] *gol*

goalkeeper portero [m] *portero*

God Dios *Deeoss*

good bueno/a *booeno/a;* **or (weather)** buen tiempo *booen tyempo;* **good-looking:** guapo/a *gooapo/a;* **good morning:** buenos días *booenoss deeyass;* **good afternoon:** buenas tardes *booenass tardess;* **good night:** buenas noches *booenass notshess*

goodbye adiós *adeeoss*

gooseberry (to play gooseberry) sujetar la vela *soohetar la bela*

gossip cotilleo [m] *koteelyeo;* **person:** cotilla [m/f] *koteelya*

to gossip cotillear *koteelyear*

government gobierno [m] *gobyerno*

graffiti pintada [f]/ grafiti [m] *peentada/ grafeetee*

gram gramo [m] *gramo*

grandfather abuelo [m] *abooelo*

grandmother abuela [f] *abooela*

grant beca [f] *beka*

grapefruit pomelo [m] *pomelo*

grapes uvas [f] *oobass,* **or (bunch of grapes)** racimo de uvas [m] *ratheemo de oobass;* **grape harvest:** cosecha de uvas [m] *kosetsha de oobass*

grass hierba [f] *yerba*

grateful agradecido/a *agradetheedo/a*

great estupendo/a, genial *esstoopendo/a, heneeal*

green verde [m/f] *berde*

grey gris [m/f] *greess*

grilled asado/a *assado/a*

gross (coarse) grosero/a *grossero/a*

grotty desagradable [m/ f] *dessagradable,* **or (to feel grotty)** sentirse mal *ssenteersse mal*

ground suelo [m] *sooelo;* **on the ground:** en el suelo *en el sooelo;* **ground floor:** planta baja [f] *planta baha*

group grupo [m] *groopo*

to grow crecer *krether*

to guess adivinar *adeebeenar*

guest invitado/a *eenbeetado/a*

guide guía [f] *geea*

guilty culpable [m/f] *koolpable*

guitar guitarra [f] *geetarrra*

guy hombre [m]/ tío* [m] *ombre/ teeo*

gym (gymnastics) gimnasia [f]; *heemnasseea,* **or (gymnasium)** gimnasio [m] *heemnasseo*

gypsy gitano/a *heetano/a*

habit costumbre [f] *kosstoombre*
to haggle regatear *regatear*
hair (on head) pelo [m] *pelo*, **or (on body)** vello [m] *belyo*; **hairstyle:** peinado [m] *peynado* **(see picture)**
hairdresser peluquero/a *pelookero/a*
half mitad [f] *meetad*, **or (with numbers)** medio/a *medeeo/a*; **half a kilo:** medio kilo [m] *medeeo keelo*; **half an hour:** media hora [f] *medeea ora*; **a half bottle:** media botella [f] *medeea botelya*; **half asleep/dressed:** medio dormido/a, medio vestido/a *medeeo dormeedo/a, medeeo bessteedo/a*; **half time:** descanso [m] *desskansso*
ham jamón [m] *hamon*
hamburger hamburguesa [f] *amboorgessa*
hand mano [f] *mano*; **by hand:** a mano *a mano*; **handmade:** hecho a mano *etsho a mano*; **helping hand:** una mano [f] *oona mano*
to hang (something up) colgar *kolgar*; **to hang around/out (go somewhere often):** frecuentar *frekooentar*; **to hang up (phone):** colgar *kolgar*
hang-gliding (hacer) ala delta [f] *(ather) ala delta*
hangover resaca [f] *ressaka*
to happen pasar *passar*
happy feliz [m/f] *feleeth*
hard duro/a *dooro/a*
hat sombrero [m] *ssombrero*
to hate odiar *odeear*
to have tener *tener* **or (a drink):** tomar algo *tomar algo*; **to have to:** tener que *tener ke*

hayfever alergia al polen [f] *alerheea al polen*
he él *el*
head cabeza [f] *kabetha*
health salud [f] *salood*; **health foods:** alimentos naturales [m] *aleementoss natooraless*
healthy sano/a *sano/a*
to hear oir *oeer*; **to hear about:** oir hablar de *oeer ablar de*
heart corazón [m] *korathon*; **to be heart-broken:** partírsele el corazón *parteerssele el korathon*
heating calefacción [f] *kalefaktheeon*
heavy pesado/a *pessado/a*
helicopter helicóptero [m] *eleekoptero*
hello hola *ola*
helmet casco [m] *kassko*

help ayuda [f] *ayooda*; **help!:** ¡socorro! *ssokorrro*
to help ayudar *ayoodar*; **to help yourself:** servirse *serbeersse*
her (her bag) su [m/f] *soo*; **or "it´s her" and after "of", "to", "with", etc.:** ella *elya*; **I see her:** la *la*
here aquí *akee*; **here is/are:** aquí está/n *akee essta/n*
hi hola *ola*
hiccup hipo [m] *eepo*
to hide esconder *esskonder*; **or (yourself)** esconderse *esskondersse*
hi-fi cadena [f]/ equipo de música [m] *kadena/ ekeepo de moosseeka*
high alto/a *alto/a*
hiking (to go hiking) hacer una excursión *ather oona eksskoorsseeon*

hair el pelo

los bucles *bookless*
el pelo liso *pelo leesso*
el pelo rizado *pelo reethado*
el pelo largo *pelo largo*
el secador *ssekador*
la espuma *esspooma*
el pelo corto *pelo korto*
la gomina *gomeena*
la laca *laka*
pelirrojo *peleer-roho*
el pelo castaño *pelo kasstanyo*
el cepillo *thepeelyo*
el peine *peyne*
el pasador *passador*
el pelo rubio *pelo roobeeo*
el pelo negro *pelo negro*

18

hill colina [f] *koleena*
him (as in "it's him") and after "of", "to", "than", "with", él *el;* **I see/know him:** lo *lo*
Hindu hindú [m/f] *eendoo*
hippie hippie [m/f] *heepee*
his su/sus *ssoo/ssooss*
history historia [f] *eesstoreea*
hit éxito [m] *eksseeto*
to hit golpear *golpear;* **to knock into:** chocar contra *tshokar kontra*
to hitch hacer autostop/ hacer dedo *ather aootosstop/ ather dedo*
HIV positive seropositivo/a *sseroposseeteebo/a*
hobby pasatiempo [m]/ afición [f]/ hobby [m] *passatyempo/ afeetheeon/ hobby*
to hold tener/ sostener *tener/ ssosstener*
hole agujero [m] *agoohero*
holiday vacaciones [f] *bacatheeoness;* **bank holiday:** día festivo [m]/ fiesta [f] *deeya fessteebo/ fyessta;* **holiday camp:** colonia de verano/ vacaciones [f] *koloneea de berano/ bakatheeoness,* **or (for children)** campamento [m] *kampamento*
home casa [f] *kassa;* **at my/your etc. home:** en mi/tu casa *en mee/too kassa*
homeless sin techo/ vagabundo [m] *seen tetsho/ bagaboondo*
homosexual homosexual [m/f] *omossekssooal*
honest honesto/a, sincero/a *onessto/a, seenthero/a*
honey miel [f] *myel*
to hope esperar *essperar*
horn claxon [m] *klaksson*
horoscope horóscopo [m]

orosskopo **(see picture)**
horrible horrible *orrreeble*
horror film película de miedo [m] *peleekoola de myedo*
horse caballo [m] *kabalyo*
hospital hospital [m] *osspeetal*
host anfitrión *anfeetreeyon*
hostess anfitriona *anfeetreeyona*
hot caliente [m/f] *kalyente;* **spicy:** picante [m/f] *peekante;* **to be hot (person):** tener calor *tener kalor;* **it is hot (weather):** hace calor *athe kalor*
hotel hotel [m] *otel*
hour hora [f] *ora*
house casa [f] *kassa*
hovercraft aerodeslizador [m] *aerodessleethador*
how cómo *komo;* **how are you?:** ¿qué tal? *ke tal;* **how much?:** ¿cuánto/a? *kooanto/a;* **how many?:** ¿cuántos/as *kooantoss/ass*
to hug abrazar *abrathar*
human humano/a *oomano/a*

horoscope horóscopo (m)

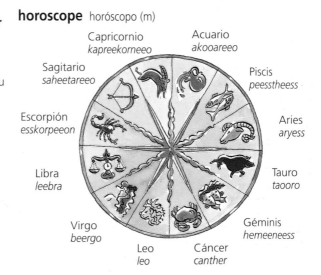

Capricornio *kapreekorneeo*
Acuario *akooareeo*
Sagitario *saheetareeo*
Piscis *peesstheess*
Escorpión *esskorpeeon*
Aries *aryess*
Libra *leebra*
Tauro *taooro*
Virgo *beergo*
Géminis *hemeeneess*
Leo *leo*
Cáncer *canther*

humour humor [m] *oomor*
hungry (to be hungry): tener hambre *tener ambre*
hurry (to be in a hurry) tener prisa *tener preessa*
to hurry darse prisa *darsse preessa*
to hurt doler *doler*
hysterics (nervous fit) histerismo [m] *heesstereessmo;* **laughter:** ataque de risa [m] *atake de reessa*

I yo *yo*
ice hielo [m] *yelo;* **ice cream:** helado [m] *elado;* **ice cube:** cubito de hielo [m] *koobeeto de yelo;* **ice rink:** pista de hielo [f] *peessta de yelo*
idea idea [f] *eedea*
idiot idiota [m/f] *eedeeota*
if si *see*
ill enfermo/a *enfermo/a*
illegal ilegal [m/f] *eelegal*
to imagine imaginar *eemaheenar*
immigrant inmigrante [m/f] *eenmeegrante*

important importante [m/f] *eemportante*

in en *en;* **to be in:** estar en casa *esstar en kassa;* **the in-thing (in fashion):** de moda *de moda*

inclusive todo incluido *todo eenklooeedo*

independent independiente [m/f] *eendependyente*

India India *eendeea*

infection infección [f] *eenfektheeon*

information información [f] *eenformatheeon*

injection inyección [f] *eenyektheeon*

injury herida [f] *ereeda;* **injury time:** tiempo extra [m] *tyempo eksstra*

innocent inocente [m/f] *eenothente*

insect insecto [m] *eenssekto;* **insect bite:** picadura [f] *peekadoora;* **insect repellent:** insecticida [m] *enssekteetheeda*

inside dentro *dentro;* **inside out:** al revés *al rebess*

to insist insistir *eensseessteer*

instead of en vez de *en beth de*

instructor profesor/a, monitor/a *professor/a, moneetor/a*

instrument instrumento [m] *eensstroomento* **(see picture)**

insult insulto [m] *eenssoolto*

insurance seguro [m] *segooro*

intercom interfono [m] *eenterfono*

interested (to be interested in) interesarse por *eenteressarsse por*

interesting interesante [m/f] *eenteressante*

international internacional [m/f] *eenternatheeonal*

internet internet [f] *eenternet*

interval (theatre) descanso [m] *desskansso*

interview entrevista [f] *entrebeessta*

to introduce (to person) presentar *pressentar*

invitation invitación [f] *eenbeetatheeon*

to invite invitar *eenbeetar*

Ireland Irlanda *eerlanda*

Irish irlandés/a *eerlandess/a*

island isla [f] *eessla*

Italy Italia *etaleea*

jacket chaqueta [f] *tshaketa;* **bomber style:** cazadora [f] *kathadora* **(see picture on opposite page)**

jam mermelada [f] *mermelada*

January enero *enero*

jazz jazz [m] *jass*

jealous celoso/a *thelosso/a*

jeans vaqueros [m] *bakeross*

jellyfish medusa [f] *medoossa*

jewellery joyas [f]/ bisutería [f] *hoyass/ beesootereea* **(see picture on opposite page)**

Jewish judío/a *joodeeo/a*

job trabajo [m] *trabaho*

to join hacerse miembro/ socio *hathersse myembro/ sotheeo*

joke broma [f] *broma*

to joke bromear *bromear*

judo judo [m] *joodo*

to juggle hacer juegos malabares *ather hooegoss malabaress*

juice zumo [m] *thoomo*

jukebox máquina

de discos [f] *makeena de deesskoss*

July julio *hooleeo*

to jump saltar *saltar*

June junio *hooneeo*

junk trastos viejos [m] *trasstoss byehoss*

just (to have just done) acabar de hacer *akabar de ather*

to keep guardar *gooardar;* **not to stop:** no parar de *no parar de;* **to keep an eye on:** vigilar *beecheelar*

key llave [f] *lyabe*

keyboard teclado [m] *teklado*

kick patada [f] *patada*

instruments los instrumentos
(see also band picture on p.6)

el violoncelo *beeolontshelo*

el violín *beeoleen*

el piano *peeano*

la trompa *trompa*

el clarinete *klareenete*

el oboe *oboe*

la trompeta *trompeta*

la flauta *flaoota*

el trombón *trombon*

kid niño/a *neenyo/a*
to kill matar *matar;* **to kill yourself (laughing):** morirse de risa *moreersse de reessa*
kilo kilo [m] *keelo*
kilometre kilómetro [m] *keelometro*
kind amable [m/f] *amable*
kiss beso [m] *besso*
to kiss besar *bessar;* **one another:** besarse *bessarsse*
kit (tools) herramientas [f] *errramyentass*
kitchen cocina [f]*kotheena*
kite cometa [f] *kometa* **(see picture on p.22)**
knee rodilla [f] *rodeelya*
knickers bragas [f] *bragass*
knife cuchillo [m] *kootsheelyo*
to know (facts) saber *saber,* **or (person, place)** conocer *konother*
kosher conforme a la ley judaica *konforme a la ley hoodaeeka*

lager cerveza [f] *therbetha*
laid-back relajado/a *relahado/a*
lake lago [m] *lago*
lamb cordero [m] *kordero*
language idioma [m] *eedeeoma*
laptop ordenador portátil [m] *ordenador portateel*
laser láser [m] *lasser*
last el último/ la última *oolteemo/ oolteema;* **at last:** por fin *por feen*
late tarde *tarde*
Latin America América latina *amereeka lateena*
to laugh reírse *reyrsse* **or (to have a laugh)** mondarse de risa *mondarsse de reessa;* **or (to laugh at)** reirse de *reyrsse de;* **or (to burst out laughing)** echarse a reir *etsharsse a reyr*
launderette lavandería [f] *labandereea*

jacket la chaqueta

la cazadora *kathadora*
el cuello *kooelyo*
la manga *manga*
el botón *boton*
el brazalete *brathalete*
la pulsera *poolssera*

jewellery la bisutería

los pendientes *pendyentess*
la cadena *kadena*
el collar *kolyar*
el broche *brotshe*
el pin *pin*
el anillo *aneelyo*
la chaqueta *tshaketa*
la hebilla *ebeelya*

lazy perezoso/a *perethosso/a*
leaf hoja [f] *oha*
to learn aprender *aprender*
leather cuero [m] *kooero*
to leave dejar *dehar;* **go away:** irse *eersse;* **to leave alone:** dejar en paz *dehar en path*
left izquierda [f] *eethkeyerda;* **on the left:** a la izquierda *a la eethkeyerda;* **left handed:** zurdo/a *thoordo/a*
leg pierna [f] *pyerna*
lemon limón [m] *leemon*
to lend prestar *presstar*
leotard leotardo [m] *leotardo*
less menos *menoss*
lesson lección [f] *lektheeon*
letter carta [f] *karta*
lettuce lechuga [f] *letshooga*
liar mentiroso/a *menteerosso/a*
library biblioteca [f] *beebleeoteka*

licence licencia [f] *leethentheea;* **driving licence:** permiso de conducir [m] *permeesso de kondootheer*
lie mentira [f] *menteera*
to lie mentir *menteer*
life vida [f] *beeda*
lifeguard socorrista [m/f] *sokorrreessta*
lifejacket chaleco salvavidas [m] *tshaleko ssalbabeedass*
lifestyle modo de vida [m] *modo de beeda*
lift ascensor [m] *assthenssor*
light luz [f] *luth;* **not dark:** claro/a *klaro/a;* **not heavy:** ligero/a *leegero/a*
lighter mechero [m] *metshero*

kite la cometa (see p.21)

el mando *mando*

el hilo *eelo*

la cola *kola*

like como *komo;* **what´s he/ she like?:** ¿cómo es? *komo ess*

to like gustar *goostar;* **I like him/her:** me gusta *me goossta;* **I´d like:** me gustaría *me goostareea*

likely probable [m/f] *probable;* **not likely!:** ¡ni hablar! *nee ablar*

lilo colchón de aire [m] *koltshon de aeere*

line línea [f] *leenea*

lip labio [m] *labeeo*

to listen escuchar *esskootshar*

litre litro [m] *leetro*

little pequeño/a *pekenyo;* **a little of:** un poco de *oon poko de*

live en directo *en deerekto*

to live vivir *beebeer;* **to live it up:** pegarse la gran vida *pegarsse la gran beeda*

liver hígado [m] *eegado*

living room salón [m] *salon*

loaded (with money) forrado/a *forrrado/a*

loads of montones de *montoness de*

to loathe odiar *odeear*

local (regional) de la región *de la reheeon;* **in/from this part of town:** del barrio, vecino/a *del barreo, betheeno/a*

to lock cerrar con llave *therrar kon lyabe*

London Londres *londress*

lonely solo/a *solo/a*

long largo/a *largo/a;* **a long time:** mucho tiempo *mootsho tyempo;* **how long?:** ¿cuánto tiempo? *kooanto tyempo*

loo servicio [m] *serbeetheeo*

to look mirar *meerar;* **to look after:** cuidar *kooeedar;* **to look for:** buscar *boosskar;* **to look forward:** esperar con ansia *essperar kon anseea;* **to look like:** parecerse a *parethersse a*

to lose perder *perder*

lost perdido/a *perdeedo/a;* **to get lost:** perderse *perdersse;* **get lost!:** ¡vete a la porra/ mierda! *bete a la porrra/ myerda;* **lost property:** objetos perdidos [m] *obhetoss perdeedoss*

lots mucho *motsho*

loud fuerte *fooerte*

lousy malísimo/a *maleesseemo/a*

love amor [m] *amor;* **in love:** enamorado/a *enamorado/a;* **love life:** vida amorosa [f] *beeda amorossa;*

to love querer *kerer*

lovely (things) precioso/a *pretheeosso/a;* **people** guapo/a *gooapo/a*

low bajo/a *baho/a;* **low cut:** escotado/a *esskotado/a*

low-down (to get the low down) informarse *eenformarsse*

luck suerte [f] *sooerte;*

bad luck: mala suerte [f] *mala sooerte;* ¡buena suerte! *booena swerte*

luckily afortunadamente *afortoonadamente*

luggage equipaje [m] *ekeepahe;* **hand luggage:** equipaje de mano [m] *ekeepahe de mano*

lunch comida [f] *komeeda*

lyrics letra [f] *letra*

machine máquina [f] *makeena*

macho macho [m] *matsho*

mad loco/a *loko/a*

madam señora [f] *senyora*

magazine revista [f] *rebeessta*

mail correo [m] *korreo*

to make hacer *ather;* **earn:** ganar *ganar;* **it makes me ill/jealous/happy:** me pone enfermo/a, celoso/a, feliz *me pone enfermo/a, thelosso/a, feleeth*

to make up (invent) inventa *eenbentar,* **or (be friends again)** hacer las paces/ reconciliarse *ather lass pathess/ rekontheeleearsse*

make-up maquillaje [m] *makeelyahe* (see picture on opposite page)

man hombre [m] *ombre*

to manage arreglárselas *arrreglarsselass;* **to manage to:** lograr *lograr*

many muchos/as *mootshoss/ as;* **not many:** no muchos/as *no mootshoss/ass*

map mapa [m] *mapa;* **of town:** plano [m] *plano*

March marzo *martho*
margarine margarina [f] *margareena*
mark (stain) mancha [f] *mantsha;* **at school:** nota [f] *nota*
market mercado [m] *merkado*
match (for a candle) cerilla [f] *thereelya;* **sport:** partido [m] *parteedo*
material tela [f] *tela*
maths matemáticas [f] *matemateekass*
matter it doesn't matter: no importa *no eemporta;* **what's the matter?:** ¿qué pasa? *ke passa*
mature maduro/a *madooro/a*
May mayo *mayo*
mayonaise mayonesa [f] *mayonessa*
me (it's me) soy yo *soy yo;* **than me:** que yo *ke yo;* **of me/to me:** a/de mí *a/de mee;* **with me:** conmigo *konmeego;* **he sees/knows me:** me ve/ me conoce *me be/me konothe*
meal comida [f] *komeeda*
to mean querer decir *kerer detheer;* **to mean to:** tener la intención de *tener la eententheeon de*
meat carne [f] *karne*
media medios de comunicación [m] *medeeoss de komooneekatheeon*
medicine (medication) medicamento [m] *medeekamento*
Mediterranean Mediterráneo [m] *medeeterrraneo*
medium (size) mediana [f] *medeeana;* **or (cooking)** medio (ni muy hecho ni poco hecho) *medeeo (nee mooy*

etsho nee poko etsho)
to meet (by chance) encontrarse *enkontrarsse;* **by arrangement:** quedar con/ver *kedar kon/ber*
melon melón [m] *melon;* **watermelon:** sandía [f] *sandeeya*
menu carta [f] *karta;* **set menu:** menú [m] *menoo*
mess desorden [m] *dessorden*
message mensaje [m] *menssahe*
method método [m] *metodo*
metre metro [m] *metro*
microwave microondas [m] *meekroondass*
middle medio [m] *medeeo;* **in the middle of:** en medio de *en medeeo de;*
midnight: medianoche [f] *medeeanotshe*
milk leche [f] *letshe;* **milkshake:** batido [m] *bateedo*
mind do you mind?: ¿te importa?/ ¿te molesta? *te eemporta/ te molessta,*

I don't mind: no me importa/ no me molesta *no me eemporta/ no me molessta;*
it's all the same to me: me da igual *me da eegooal*
minute minuto [m] *meenooto*
mirror espejo [m] *esspeho*
Miss señorita [f] *senyoreeta*
to miss (train/bus) perder *perder;* **to long for:** echar de menos *etshar de menoss;*
I miss you: te echo de menos *te etsho de menoss;*
he misses Paris: echa de menos París *etsha de menoss pareess*
mistake error [m] *error;* **to make a mistake:** equivocarse *ekeebokarsse*
to mix (or to mix up) mezclar *methklar;* **or muddle:** embrollar *embrollar*
mixed up (in your mind) estar confuso/a *esstar konfoosso/a*

make-up el maquillaje

la leche limpiadora
letshe leempeeadora

el algodón
algodon

la sombra de ojos
ssombra de ohoss

el lápiz de ojos
lapeeth de ohoss

el rímel
reemel

el maquillaje
makeelyahe

el colorete
kolorete

la barra de labios *barrra de labeeoss*

to moan (complain) quejarse
keharsse
mobile phone móvil [m]
mobeel; **mobile phone**
charger: cargador de móvil
[m] *kargador de mobeel*
model (fashion) modelo
[m/f] *modelo*
modern moderno/a *moderno/a*
moment (in a moment)
dentro de un momento [m]
dentro de oon momento;
at the moment: por el
momento *por el momento*
Monday lunes [m] *looness*
money dinero [m] *deenero;*
money-belt: riñonera [f]
reenyonera
month mes [m] *mess*
monument monumento [m]
monoomento
mood (in a good/bad
mood) de buen/mal humor *de*
booen/mal oomor
moody de humor cambiadizo,
lunático/a *de oomor*
kambeeadeetho, loonateeko/a
moon luna [f] *loona*
moped vespa [f] *besspa*
more más *mass*
morning mañana [f] *manyana*
mosque mezquita [f]
methkeeta
mosquito mosquito [m]
moskeeto; **mosquito bite:**
picadura [f] *peekadoora;*
mosquito repellent:
repelente para insectos [m]
repelente para eenssektoss
most (as in most handsome)
el/la/los/las más *el/la/loss/lass*
mass; **or (as in I want the**
most, I like it the most) el
que más *el ke mass;* **most of**
the time/people:
la mayoría de *la mayoreea de;*
to make the most of:

aprovechar al máximo
aprobetshar al maksseemo
mother madre [f] *madre*
moto motor [m] *motor*
motorbike moto [f] *moto*
motorway autopista [f]
aootopeessta
mountain montaña [f]
montanya
mouse (animal/computer)
ratón [m] *raton*
mouth boca [f] *boka*
to move moverse *mobersse;*
or (change address) mudarse
moodarsse; **move over!:**
¡apártate! *apartate*
movie película [f] *peleekoola*
movies cine [m] *theene*
MP3 player
reproductor de MP3 [m]
reprodooktor de eme pe tress
Mr. señor [m] *senyor*
Mrs. señora [f] *senyora*
much mucho *mootsho*
mug (attack/rob) atracar/
asaltar *atrakar/ assaltar*
murder asesinato [m]
assesseenato
muscle músculo [m]
mooscoolo
museum museo [m] *mooseo*
mushroom champiñón [m]
tshampeenyon
music música [f] *mooseeka*
musician músico [m/f]
mooseeko
Muslim musulmán/a
moosoolman/a
must (to have to) tener que/
deber *tener ke/ deber;* **I must:**
tengo que/ debo *tengo que/*
debo
mustard mostaza [f] *mosstatha*
my mi/mis [m/f] *mee/mees*

naked desnudo/a *dessnoodo/a*
name nombre [m] *nombre;*

last name: apellido [m]
apelyeedo; **what's your**
name?: ¿cómo te llamas?/
¿cómo se llama? *komo te*
lyamass/ komo sse lyama
napkin servilleta [f]
serbeelyeta
narrow estrecho/a
esstretsho/a
nasty desagradable [m/f],
malo/a *dessagradable, malo/a*
national nacional [m/f]
natheeonal
nationality nacionalidad [f]
natheeonaleedath
natural natural [m/f]
natooral
nature naturaleza [f]
natooraletha
naughty malo/a *malo/a*
near cerca de *therka de*
nearest el/la más cercano/a
el/la mass therkano/a
nearly casi *kassee*
necessary necesario/a
netheessareeo/a
neck cuello [m] *kooelyo*
to need necesitar
nethesseetar
neighbour vecino/a
betheeno/a
neighbourhood barrio [m]
barrreeo
nerve nervio [m] *nerbeeo;*
nerve-racking: exasperante
[m/f] *ekssassperante;* **to get**
on someone's nerves:
poner nervioso/a *poner*
nerbeeosso/a; **what a**
nerve!: ¡qué cara! *ke kara*
nervous (to be/feel
nervous) estar nervioso/a
esstar nerbeeosso/a; **to be/**
feel extremely anxious:
tener los nervios de punta
tener loss nerbeeoss de
poonta

never nunca *noonka;* **never mind!:** ¡no importa! *no eemporta;* **too bad:** ¡qué pena! *ke pena*
new nuevo/a *nooebo;* **New Year:** Año nuevo [m] *anyo nooebo;* **New Zealand:** Nueva Zelanda *nooeba thelanda*
news noticias [f] *noteetheeass;* **news stand:** quiosco [m]/ puesto de periódicos [m] *keeossko/ pooessto de pereeodeekoss*
newsagent's tienda de prensa [m] *tyenda de prenssa*
newspaper periódico [m] *pereeodeeko*
next próximo/a *proksseemo/a;* **next to:** al lado de *al lado de*
nice (likeable) simpático/a *sseempateeko/a;* **nice and... (as in nice and cold)** bien *byen*
nickname apodo [m]/ diminutivo [m] *apodo/ deemeenooteebo*
night noche [f] *notshe;* **last night:** anoche *anotshe*
nightmare pesadilla [f] *pessadeelya*
no no *no;* **no entry/smoking:** prohibido entrar/fumar *proheebeedo entrar/foomar;* **no way!:** ¡ni hablar! *nee ablar*
nobody nadie *nadye;* **nobody else:** nadie más *nadye mass*
noise ruido [m] *rooeedo*
normal normal [m/f] *normal*
north norte [m] *norte;* **north of:** al norte de *al norte de*
nose nariz [f] *nareeth*
nosy entrometido/a, curioso/a *entrometeedo/a, kooreeosso/a;* **to be nosy:** ser cotilla [m/f] *sser koteelya*
not no *no*

note (money) billete [m] *beelyete*
notebook libreta [f] *leebreta*
nothing nada *nada;* **nothing else:** nada más *nada mass*
nought cero *thero*
novel novela [f] *nobela*
November noviembre *nobyembre*
now ahora *ahora*
nowhere en ninguna parte *en neengoona parte*
nuclear nuclear *nooklear*
number número [m] *noomero*
nurse enfermero/a *enfermero/a*
nuts frutos secos [m] *frootoss ssekoss* (see picture on p.26)
nutter (crazy person) chiflado/a *tsheeflado/a*

obnoxious odioso/a *odeeosso/a*
obscene obsceno *obsstheno*
obsession obsesión [f] *obssesseeon*
obvious obvio/ evidente *obceo/ ebeedente*
o'clock en punto *en poonto*
October octubre *oktoobre*
odd extraño *eksstranyo;* **the odd one out:** excepción [f] *eksstheptheeon*
of de *de*
off (switched off): apagado/a *apagado/a*
offended ofendido/a *ofendeedo/a*
to offer ofrecer *ofrether*
office oficina [f] *ofeetheena*
official oficial [m/f] *ofeetheeal*
often a menudo *a menoodo;* **how often?:** ¿cuántas veces? *kooantass bethess*
oil aceite [f] *atheyte*
OK de acuerdo *de akooerdo;* **I'm OK:** estoy bien *esstoy*

byen; **it's OK:** está bien/vale *essta byen/bale*
old viejo/a *byeho/a;* **how old are you?:** ¿cuántos años tienes? *kooantoss anyoss tyeness;* **old-fashioned:** pasado de moda *passado de moda*
olive aceituna [f] *atheytoona*
omelette tortilla [f] *torteelya*
on en/sobre/encima de *en/sobre/entheema de;* **switched on:** encendido/a *enthendeedo/a;* **on Sundays:** los domingos *loss domeengoss;* **to be on (film):** poner *poner*
one-way de dirección única *de deerektheeon ooneeka*
onion cebolla [f] *thebolya*
only sólo *ssolo;* **only daughter/son:** hija única/ hijo único *eeha ooneeka/ eeho ooneeko*
open abierto/a *abyerto/a;* **in the open air:** al aire libre *al aeere leebre*
to open abrir *abreer*
opera ópera [f] *opera*
opinion opinión [f] *opeeneeon*
opportunity oportunidad [f] *oportooneedath*
opposite (facing) enfrente de *enfrente de;* **not the same:** lo contrario *lo kontrareeo*
optician's óptico [m] *opteeko*
optimistic optimista [m/f] *opteemeessta*
or o *o*
orange (fruit) naranja [f] *naranha;* **or (colour)** naranja [m] *naranha*
orchestra orquesta [f] *orkessta*
order orden [m] *orden;* **to order:** pedir *pedeer*

ordinary ordinario/a *ordeenareeo/a*
to organize organizar *organeethar*
original original [m/f] *oreeheenal*
other otro/a *otro/a;* **the other one:** el otro/la otra *el otro/la otra*
otherwise si no *see no*
our nuestro/a/os/as *nooesstro/a/oss/ass*
out (to be out) no estar (en casa) *no esstar (en kassa);* **out of order:** estropeado *esstropeado;* **sign:** no funciona *no foontheeona*
outdoor exterior/ al aire libre *eksstereeor/ al aeere leebre*
outrageous atroz [m/f] *atroth*
outside fuera *fooera*
oven horno [m] *orno*
over (not under) por encima de *por entheema de;* **over here:** por aquí *por akee;* **over there:** por allí *por alyee*
overdraft en descubierto *en desskoobyerto*
overrated supervalorado/a *sooperbalorado/a*

to overtake adelantar *adelantar*
to owe deber *deber*
own (on your own) solo/a *ssolo/a*
owner propietario/a *propyetareeo/a*

to pack (bags) hacer las maletas *ather lass maletass*
package tour viaje organizado [m] *beeahe organeethado*
padlock candado [m] *kandado;* **on bike:** cadena [f] *kadena*
page página [f] *paheena*
pain (to be a pain/nuisance) ser molesto/a, fastidioso/a *sser molessto/a, fassteedyosso/a*
to paint pintar *peentar*
palace palacio [m] *palatheeo*
pan (saucepan) cazo [m]/ cacerola [f] *catho/ catherola;* **frying:** sartén [f] *ssarten*
panic pánico [m] *paneeko*
paper papel [m] *papel*
paperback (book) libro en rústica [m] *leebro en roossteeka*

parachute paracaídas [m] *parakaeedass*
parcel paquete [m] *pakete*
parents padres [m] *padress*
park parque [m] *parke*
to park aparcar *aparkar*
parking space aparcamiento [m] *aparkamyento*
part parte [f] *parte;* **or (for bike, etc.)** pieza [f] *pyetha;* **to take part:** participar *parteetheepar*
party fiesta [f] *fyessta;* **or (political)** partido [m] *parteedo*
to party hacer una fiesta/ festejar *ather oona fyessta/ fesstehar*
pass (for travel) bono [m] *bono;* **ski pass:** pase [m] *passe*
to pass pasar *passar,* **or (exam)** aprobar *aprobar*
passenger pasajero/a *passahero/a*
passport pasaporte [m] *passaporte*
pasta pasta [f] *passta*
path sendero [m] *sendero*
patient paciente [m/f] *pathyente*

nuts los frutos secos **(see p.25)**

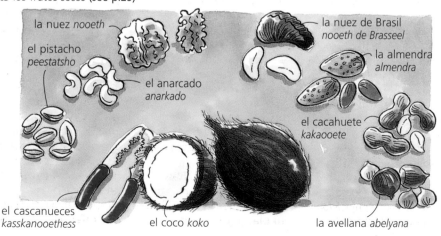

la nuez *nooeth*
el pistacho *peestatsho*
el anarcado *anarkado*
la nuez de Brasil *nooeth de Brasseel*
la almendra *almendra*
el cacahuete *kakaooete*
el cascanueces *kasskanooethess*
el coco *koko*
la avellana *abelyana*

pattern diseño [m] *deessenyo*
pavement acera [f] *athera*
to pay pagar *pagar;* **to pay back:** devolver *debolber*
peace paz [f] *path*
peaceful tranquilo/a *trankeelo/a*
peach melocotón [m] *melokoton*
peanut cacahuete [m] *kakahooete*
pear pera [f] *pera*
peas guisantes [m] *geessantess*
pedestrian peatón [m] *peaton;* **pedestrian crossing:** paso de peatones [m] *passo de peatoness*
pen bolígrafo [m] *boleegrafo;* **pen pal:** amigo por correspondencia [m] *ameego por corrresspondentheea*
pencil lápiz *lapeeth*
people gente [f] *hente*
pepper pimienta [f] *peemeyenta;* **vegetable:** pimiento [m] *peerneyento*
perfect perfecto/a *perfekto/a*
performance representación [f] *represscntatheeon;* **cinema:** sesión [f] *ssesseeon*
perhaps quizás *keethass*
period (menstruation) regla [f] *regla*
person persona [f] *perssona*
petrol gasolina [f] *gassoleena;* **lead-free petrol:** gasolina sin plomo [f] *gassoleena seen plomo;* **petrol-station:** gasolinera [f] *gassoleenera*
pharmacy farmacia [f] *farmatheea*
philosophy filosofía [f] *feelosofeea*
phobia fobia [f] *fobeea*
phone teléfono [m] *telefono;* **phone booth:** cabina [f]

kabeena; **phone call:** llamada [f] *lyamada* **(see picture on p.28)**
to phone llamar *lyamar;* **to phone back:** volver a llamar/ llamar de vuelta *bolber a lyamar/ lyamar de booelta*
photo foto [f] *foto*
photographer fotógrafo [m] *fotografo*
to pick elegir *eleheer;* **to pick up, gather:** recoger *rekoher*
picnic picnic [m] *peekneek* **(see picture on p.29)**
picture (drawing) dibujo [m] *deebooho;* **painting:** cuadro [m] *cooadro*
pie (meat/vegetable/sweet) pastel [m] *passtel*
piece trozo [m] *trotho*
pig cerdo [m] *therdo*
pigeon paloma [f] *paloma*
pill píldora [f] *peeldora;* **to be on the pill:** tomar la píldora *tomar la peeldora*
PIN número personal [m] *noomero personal*
pinball flipper [m] *fleepper*
pineapple piña [f] *peenya*
pink rosa *rossa*
pity (it´s a pity!) ¡es una pena! *ess oona pena*
pizza pizza [f] *peetsa*
place sitio [m] *seeteeo;* **at/to my/your place:** en/a mi/tu casa *en/a/mee/too kassa*
plan plan [m] *plan*
plane (aircraft) avión [m] *abeeon*
plant planta [f] *planta*
plaster (for cut/blister) venda [f] *benda;* **cast:** escayola [f] *esskayola*
plastic plástico [m] *plassteeko*
plate plato [m] *plato*
play (in theatre) obra [f] *obra*
to play jugar *hoogar*

player jugador/a *hoogador/a*
please por favor *por fabor*
plug (for water) tapón [m] *tapon;* **for electrics:** enchufe [m] *entshoofe*
plum ciruela [f] *theerooela*
pocket bolsillo [m] *bolsseelyo;* **pocket-money:** dinero de bolsillo [m] *deenero de bolseelyo*
poem poema [m] *poema*
to point indicar *eendeekar;* **with a finger:** señalar *senyalar*
police policía [f] *poleetheea;* **police officer:** agente [m]/ policía [m] *ahente/ poleetheea;* **police-station:** comisaría [f] *komeessareea*
polite cortés [m/f] *kortess*
politics política [f] *poleeteeka*
pollution contaminación [f] *kontameenatheeon*
poor pobre *pobre*
popular popular *popoolar*
pork cerdo [m] *therdo*
posh elegante [m/f] *elegante*
positive positivo/a *poseeteebo/a;* **sure:** seguro/a *segooro/a*
possible posible *poseeble*
post correo [m] *korrreo;* **post-box:** buzón [m] *buthon;* **post-office:** Correos *korrreoss*
postcard postal [f] *posstal*
poster cartel [m]/ póster [m] *kartel/posster*
potato patata [f] *patata;* **mashed potato:** puré de patatas [m] *poore de patatass*
pound libra [f] *leebra*
practical práctico *prakteeko*
to practise (sport) entrenar *entrenar,* **or (instrument)** ensayar *enssayar*
prawn gamba [f] *gamba*
to prefer preferir *prefereer*

27

phone booth la cabina (see p.27)

el teléfono de monedas *telefono de monedass*

el teléfono de tarjeta *telefono de tarheta*

llamadas de emergencia *lyamadass de emerhentheea*

el auricular *aooreekoolar*

la guia *geea*

la tarjeta *tarheta*

pregnant embarazada *embarathada*

to prepare preparar *preparar*

present regalo [m] *regalo*

to pretend fingir *feengeer*

pretty (things) bonito/a *boneeto/a,* **or (person)** guapo/a *gooapo/a*

price precio [m] *pretheeo*

printer (machine) impresora [f] *eempressora*

private privado/a *preebado/a*

prize premio [m] *premeeo*

problem problema [m] *problema*

programme programa [m] *programa*

progress progreso [m] *progresso*

promise promesa [f] *promessa*

proof prueba [f] *prooeba*

prostitute prostituta [f] *prossteetoota*

protect (to protect) proteger *proteher*

Protestant protestante [m/f] *protesstante*

proud orgulloso/a *orgoolyosso/a*

psychological psicológico *psseekoloheeko*

public público/a *poobleeko/a*

to pull tirar *teerar;* **to pull someone's leg:** tomarle el pelo *tomarle el pelo*

to punch dar un puñetazo *dar oon poonyetatho*

puncture (to have a puncture): tener un pinchazo *tener oon peentshatho*

to punish castigar *kassteegar*

puppy cachorro [m] *katshorrro*

pure puro/a *pooro/a*

purpose propósito [m] *proposseeto*

purse monedero [m]/ cartera [f] *monedero/ kartera*

to push empujar *empoohar*

to put poner *poner;* **to put away:** guardar *gooardar;* **to put off:** posponer *possponer;* **to discourage:** disuadir *deesooadeer;* **to put on clothes:** ponerse *ponersse;* **to put someone up:** alojar *alohar;* **to put up with:** soportar *ssoportar*

puzzle puzzle [m] *puthle*

quality calidad [f] *kaleedath*

quantity cantidad [f] *kanteedath*

to quarrel reñir *renyeer*

quarter cuarto [m] *kooarto*

question pregunta [f] *pregoonta*

queue cola [f] *kola*

to queue hacer cola *ather kola*

quick rápido/a *rapeedo/a*

quickly rápidamente *rapeedamente*

quiet tranquilo/a *trankeelo/a;* **not loud:** bajo/a *baho/a;* **to be/keep quiet:** callarse *kalyarsse*

quite bastante *basstante;* **I quite agree:** estoy de acuerdo *esstoy de akooerdo*

race carrera [f] *karrera*

racist racista *ratheessta*

racket raqueta [f] *raketa*

radiator radiador [m] *radeeador*

radio rádio [f] *radeeo;* **radio programme:** programa de radio [m] *programa de radeeo*

raft balsa [f] *balssa*

railway ferrocarril [m] *ferrrokarrreel;* **Spanish railways:** RENFE

rain lluvia [f] *lyoobeea;* **it's raining:** está lloviendo *essta lyobyendo* **(see picture on p.30)**

rare raro/a *raro/a;* **barely cooked:** poco hecho/a *poko etsho/a*

rash irritación [f] *eerrreetatheeon*

raspberry frambuesa [f] *frambooessa*

raw crudo/a *kroodo/a*

razor maquinilla de afeitar [f] *makeeneelya de afeytar;* **razor blade:** cuchilla [f] *kootsheelya*

reaction reacción [f] *reaktheeon*

to read leer *leer*
ready preparado/a
preparado/a
real verdadero/a, auténtico/a
berdadero/a, aootenteeko/a
to realize darse cuenta *darsse
kooenta*
really ciertamente/
verdaderamente *thyertamente/
berdaderamente;* **extremely:**
terriblemente *terrreeblemente*
reason razón [f] *rathon*
recent reciente *rethyente*
reception recepción [f]
retheptheeon
recipe receta [f] *retheta*
to recognize reconocer
rekonother
to recommend recomendar
rekomendar
record (sport) récord [m]
rekord
to record grabar *grabar*
red rojo *roho;* **to blush:**
ponerse rojo/a *ponersse roho/a*
reduced (in sales)
rebajas [f] *rebahass*
refund devolución [m]
deboolootheeon
to refuse negarse
negarsse
region región [f]
reheeon
**registered (post,
letter)** certificado/a
therteefeekado/a;
luggage: facturado
faktoorado
regular regular
regoolar; **usual:**
habitual *abeetooal*
rehearsal ensayo
[m] *enssayo*
to relax relajarse
relaharsse
relaxed relajado/a
relahado/a

relief alivio [m] *aleebeeo*
religion religión [f] *releeheeon*
to remember acordarse
de/ recordar *akordarsse de/
rekordar*
remote remoto/a *remoto/a;*
remote control: mando
a distancia [m] *mando a
deesstantheea*
to rent alquilar *alkeelar;*
for rent: se alquila *se
alkeela*
to repair reparar *reparar*
to repeat repetir *repeteer*
reply respuesta [f]
resspooessta
to reply contestar *kontesstar*
rescue rescate [m] *ressakate*
to rescue rescatar/ salvar
ressakatar/ ssalbar
research investigación [f]
eenbessteegatheeon
reservation reserva [f]
resserba

reserved reservado/a
resserbado/a
responsible responsable
[m/f] *ressponssable*
rest (break) descanso [m]
desskansso; **remainder:** resto
[m] *ressto*
to rest descansar *desskanssar*
restaurant restaurante [m]
resstaoorante
result resultado [m]
resooltado
return vuelta [f] *booelta;*
ticket: ida y vuelta *eeda ee
booelta*
revenge venganza [f]
bengantha; **to get your
revenge:** vengarse *benqarsse*
to reverse dar marcha
atrás *dar martsha atrass;*
**to reverse the charges
(phone):** llamar a cobro
revertido *lyamar a kobro
reberteedo*

picnic el picnic (see p.27)

el disco
deessko
el banco *banko*
la basura
assoora
el queso *kesso*
el agua *agooa*
el pan *pan*
la sandía
sandeea
las uvas
oobass
la nevera
hebera
el termo *termo*
el salchichón
ssaltsheetshon
el sacacorchos
ssakortshoss
el papel de
cocina *papel
de kotheena*
la cesta
thessta
la navaja
nabaha

rain la lluvia (see p.28)

el arco iris
arko eereess

el paraguas
pafagooass

el charco
tsharko

el impermeable
eempermeable

la gota de lluvia
gota de lyoobeea

la bota de caucho
bota de kaootsho

rice arroz [m] *arroth*
rich rico/a *reeko/a*
**ride (to go for a ride –
bike/car)** ir a dar una vuelta
en la bici/el coche *eer a dar
oona booelta en la beethee/el
kotshe;* **to take someone
for a ride (trick):** tomar el
pelo *tomar el pelo*
rider (horse) jinete [m/f]
heenete
riding equitación [f]
ekeetatheeon (see picture on
opposite page)
right (correct) correcto
korrekto; **fair:** justo *hoossto;*
not left: derecha [f]
deretsha; **you are right:**
tienes razón *tyeness rathon;*
on the right: a la derecha
a la deretsha; **right away:**

enseguida *enssegeeda;*
right-of-way: prioridad [f]
preeoreedath
to ring llamar *lyamar*
riot disturbio [m]
deesstoorbeeo; **to have
a riot:** pasárselo bomba
passarsselo bomba
to rip rasgar/ romper
rassgar/ romper
ripe maduro/a *madooro/a*
risk riesgo [m] *ryessgo*
river río [m] *reeo*
road carretera [f] *karrretera;*
in town: calle [f] *kalye;* **road
map:** mapa de carreteras [m]
mapa de karrreterass
rock (boulder) canto rodado
kanto rodado; **rock face:** roca
[f] *roka;* **music:** rock [m] *rock*
roll (bread) bollo [m] *bolyo*
roller blades patines de
línea [m] *pateeness de leenea*
romance romance [m]
romanthe
romantic romántico/a
romanteeko/a
roof tejado [m] *tehado;* **roof
rack:** baca [f] *baka*
room habitación [f]
abeetatheeon; **single/double
room:** habitación individual/
doble [f] *abeetatheeon
eendeebeedooal/ doble*
rope cuerda [f] *kooerda*
rotten (off) podrido/a
podreedo/a; **mean, unfair:**
horrible *horrreeble*
round (drinks) ronda [f]
ronda; **shape:** redondo/a
redondo/a
roundabout glorieta [f]
gloryeta
route ruta [f] *roota*
to row remar *remar*
to rub frotar *frotar;* **to rub it
in:** insistir *eenseesteer;*

to rub out: borrar *borrrar*
rubber band goma [f] *goma*
rubbish basura [f] *basoora;*
rubbish bin: cubo de
la basura [f] *koobo de la
bassoora;* **to talk rubbish:**
decir tonterías *detheer
tontereeass*
rude mal educado/a *mal
edookado/a;* **crude:**
grosero/a *grossero/a*
rugby rugby [m] *roogby*
ruins ruinas [f] *rooeenass*
rule regla [f] *regla*
rumour rumor [m] *roomor*
to run correr *korrrer;* **to run
away:** escaparse *esskaparsse;*
to run out: expirar/ vencer
eksspeerar/ benther
rush hour hora punta [f] *ora
poonta*

sad triste *treesste*
safe seguro/a *segooro/a;* **for
valuables:** caja fuerte [f]
kaha fooerte
safety seguridad [f]
segooreedath; **safety belt:**
cinturón de seguridad [m]
theentooron de segooreedath;
safety pin: imperdible [m]
eemperdeeble
sailing (boat) barco de vela
[m] *barko de bela;* **to go
sailing:** navegar *nabegar* (see
picture on p.32)
salad ensalada [f]
enssalada; **fruit salad:**
ensalada de fruta [f] *enssalada
de froota;* **green salad:**
ensalada verde [f] *enssalada
berde;* **mixed salad:** ensalada
mixta [f] *enssalada meekssta*
salad dressing: vinagreta [f]
beenagreta
salami salchichón [m]/ salami
[m] *saltsheetshon/ salamee*

sale (for sale) se vende *se bende*
sales (reduced prices) rebajas [f] *rebahass*
salmon salmón [m] *ssalmon*
salt sal [f] *ssal*
same el mismo/la misma *meessmo/meessma*
sand arena [f] *arena*
sandal sandalia [f] *ssandaleea*
sandwich sandwich [m] *sanweetsh*
sanitary towel compresa [f] *kompressa*
sarcastic sarcástico/a *ssarkassteeko/a*
Saturday sábado [m] *sabado*
sauce salsa [f] *ssalssa*
sausage salchicha [f] *ssaltsheetsha*
to save salvar *ssalbar;*
money: ahorrar *aorrrar*
savoury (not sweet) salado/a *ssalado/a*
to say decir *detheer*

scared (to be scared) tener miedo *tener myedo;* **scared stiff:** muerto/a de miedo *mooerto/a de myedo*
scarf bufanda [f] *boofanda;* **square:** fular [m] *foolar*
scary de miedo *de myedo*
scenery paisaje [m] *paeessahe*
school (primary) escuela primaria [f] *esskooela preemareea;* **secondary:** escuela secundaria [f] *esskooela sekoondareea;* **high school:** instituto de enseñanza media [m] *eenssteetooto de ensenyantha medeea*
science ciencia [f] *thyentheea*
scissors tijeras [f] *teeherass*
score tanteo [m] *tanteo*
to score a goal marcar un gol *markar oon gol;* **point:** marcar un tanto *markar oon tanto*
Scotland Escocia *esskotheea*

Scottish escocés/a *esskothess/a*
to scratch (yourself) rascarse *rasskarsse*
to scream gritar *greetar*
screen pantalla *pantalya*
scruffy desaliñado/a *dessaleenyado/a*
sculpture escultura [f] *esskooltoora*
sea mar [m] *mar*
seafood mariscos [m] *mareesskoss*
seasick (to be seasick) estar mareado/a *esstar mareado/a*
season estación/ temporada [f] *esstatheeon temporada;* **season ticket: (transport)** bono transporte [m] *bono transsporte*
seat asiento [m] *assyento;* **chair:** silla [f] *seelya*
second (time) segundo [m] *segoondo;* **second-hand:** de segunda mano *de segoonda mano*

riding la equitación

la cola *kola*

los pantalones de montar *pantaloness de montar*

la silla *seelya*

la chaqueta de montar *tshaketa de montar*

el casco de montar *kassko de montar*

la brida *breeda*

las riendas *ryendass*

la fusta *foossta*

el estribo *esstreebo*

la cincha *theentsha*

las botas de montar *botass de montar*

sailing boat el barco de vela (see p.30)

el mástil *massteel*

el velero *belero*

la botavara *botabara*

el ancla *ankla*

el camarote *kamarote*

el remo *remo*

el chaleco salvavidas *tshaleko salbabeedass*

el timón *teemon*

la caña del timon *canya del teemon*

el spinnaker e*speenaker*

la vela mayor *bela mayor*

el barco de vela *barko de bela*

el bote *bote*

el foque *foke*

la boya *boya*

el cabo de la vela mayor *kabo de la bela mayor*

---

secret secreto/a *sekreto/a*
secretary secretario/a *sekretareeo/a*
to see ver *ber;* **to see again:** volver a ver *bolber a ber;* **see you soon:** hasta luego/ hasta pronto *assta looego/ assta pronto*
to seem parecer *parether*
selfish egoísta [m/f] *egoeessta*
self-service autoservicio [m]/ self-service [m] *aootosserbeetheeo/ self-serbees*
to sell vender *bender*
to send enviar *enbeear*
sense sentido [m] *senteedo;* **it doesn´t make sense:** no tiene sentido *no tyene ssenteedo*

sensible razonables *rathonabless*
sensitive sensible *senseeble*
September septiembre *sseptyembress*
serious serio/a *sereeo/a*
service servicio [m] *serbeetheeo*
sewing costura [f] *kosstoora*
sex (gender) sexo [m] *sekkso*
sexist sexista [m/f] *seksseessta*
sexy sexy *sekssee*
shade sombra [f] *ssombra;* **in the shade:** a la sombra *a la ssombra*
shame vergüenza [f] *bergooentha;* **what a shame!:** ¡qué pena! *ke pena*
shampoo champú [m]

tshampoo
shape forma [f] *forma*
to share compartir *komparteer*
shattered agotado/a *agotado/a*
to shave tarse *afeytarsse*
shaving cream crema de afeitar [f] *krema de afeytar;* **foam:** espuma de afeitar [m] *esspooma de afeytar*
she ella *elya*
sheet sábana [f] *sabana*
shirt camisa [f] *kameessa;* **shirt button** botón de la camisa [m] *boton de la kameessa*
shock susto [m]/ shock [m] *ssoossto/ sshok*
shoe zapato [m] *thapato;* **athletics shoes:** zapatos de deporte [m] *thapatoss de deporte*
shop tienda [f] *tyenda*
shopping (to go shopping for clothes) ir de compras *eer de komprass;* **for groceries** hacer la compra *ather la kompra;* **shopping centre:** centro comercial [m] *thentro komertheeal;* **window shopping:** ir de escaparates/ ir a mirar escaparates *eer de esskaparatess/ eer a meerar esskaparatess*
short corto/a *korto/a;* **short cut:** atajo [m] *ataho;* **short sighted:** miope *myope*
shorts pantalones cortos [m] *pantaloness kortoss*
shoulder hombro [m] *ombro*
to shout gritar *greetar*
show espectáculo [m] *esspektakoolo*
to show mostrar *mosstrar;*
to show off: presumir *presoomeer*

shower ducha [f] *dootsha*
shut cerrado/a
therrado/a; **shut up!:** ¡cállate!
kalyate
shy tímido/a *teemeedo/a*
sick enfermo/a *enfermo/a;*
to be sick (vomit): vomitar
bomeetar; **to feel sick:** estar
mareado/a *esstar mareado/a;*
to be sick of: estar harto de
esstar arto de
side lado [m] *lado,* **or (of hill)**
ladera [f] *ladera*
sightseeing visita turística [f]
beesseeta tooreesteeka
sign (with hand) firma [f]
feerma; **on road:** señal [f]
senyal
signature firma [f] *feerma*
Sikh sij *seeh*
silence silencio [m]
seelentheeo
silly tonto/a *tonto/a*
simple simple *seemple*
since desde *dessde*
to sing cantar *kantar*
singer cantante [m/f] *kantante*
single (ticket) de ida *de eeda;*
unmarried: soltero/a *ssoltero/a*
Sir señor *senyor*
sister hermana [f] *ermana*
to sit down sentarse
ssentarsse
sitting down sentado/a
ssentado/a
size talla [f] *talya*
skate patín [m] *pateen*
skate board monopatín
[m] *monopateen*
skating (ice-skating) patinaje
sobre hielo [m] *pateenahe
sobre yelo;*
roller skating: patinaje sobre
ruedas [m] *pateenahe sobre
rooedass*
to ski esquiar *esskeear*
skiing esquí [m] *esskee;*

water skiing: esquí acuático
[m] *esskee akooateeko;* **to
go skiing:** ir a esquiar *eer a
esskeear;* **ski resort:**
estación de esquí [f]
esstatheeon de esskee **(see
picture on p.35)**
skin piel [f] *pyel*
skirt falda [f] *falda*
skiver irresponsable/
frescales* [m/f]
eerrressponssable/ fresskaless
sky cielo [m] *thyelo*
slang argot [m] *argot*
to sleep dormir *dormeer;* **to
sleep in (lazy):** quedarse en
la cama *kedarsse en la kama;*
to sleep in (late): quedarse
dormido/a *kedarsse dormeedo/a*
sleeper (on train) litera [f]
leetera
sleeping bag saco de dormir
[m] *sako de dormeer*
slice rodaja [f] *rodaha*
to slip resbalar *ressbalar*
slob dejado/a *dehado/a*
slow lento/a *lento/a*
slowly despacio *desspatheeo*
sly astuto/a *asstooto/a*
small pequeño/a *pekenyo/a*
smart (cunning) listillo/a
leessteelyo/a, **or (elegant)**
elegante *elegante*
smell olor [m] *olor*
to smell oler *oler,* **or (to
stink)** oler mal *oler mal*
smile sonrisa [f] *sonreesa*
to smile sonreír *ssonreyr*
to smoke fumar *foomar;*
smoking sign: fumadores
foomadoress;
non-smoking: no fumadores
no foomadoress; **smoke
alarm:** detector de humo
detektor de oomo
snack bocado [m]/ snack [m]
bokado/ ssnack

snail caracol [m] *karakol*
snake serpiente [f] *serpyente*
sneaky astuto/a *asstooto/a*
to sneeze estornudar
esstornoodar
to sniff aspirar/ inhalar
asspeerar/ eenalar
snobbish esnob [m/f] *essnob*
snore roncar *ronkar*
snow nieve [f] *nyebe;*
snowball: bola de nieve [f]
bola de nyebe
so tan *tan;* **or (as in "so you
see I could have gone")**
así que *asseeke;* **so-so** así así
assee assee
soaking empapado/a
empapado/a
soap jabón [m] *habon;*
soap-opera: telenovela
[f]/ culebrón [m] *telenobela/
koolebron*
sob (to sob) sollozar
ssolyothar
soccer fútbol [m] *footbol*
society sociedad [f]
sothyedath
sock calcetín [m] *kaltheteen*
socket (electrical) enchufe
[m] *entshoofe*
soft blando/a *blando/a;* **soft
drink:** bebida sin alcohol [f]
bebeeda seen alkohol
software software [m]
software
soldier soldado [m] *soldado*
solid sólido/a *soleedo/a*
some un poco de *oon poko
de;* **some of them:** algunos/
as *algoonoss/ass;* **some
people:** alguna gente/ cierta
gente *algoona hente/ thyerta
hente*
somebody alguien *algyen;*
somebody else: alguien más
algyen mass
something algo *algo*

something else algo más *algo mass*

sometimes a veces *abethess*

somewhere en alguna parte *en algoona parte;* **somewhere else:** en otra parte *en otra parte*

son hijo [m] *eeho*

song canción [f] *kantheeon*

soon pronto *pronto*

sorry (excuse me/forgive me) perdón *perdon;* **I´m sorry:** lo siento *lo syento*

sort clase [f]/ tipo [m] *classe/ teepo*

sound sonido [m] *ssoneedo*

soup sopa [f] *ssopa*

south sur [m] *soor;* **south of:** al sur de *al soor de*

South America América del Sur/ Sudamérica *amereeka del soor/ soodamereeka*

souvenir recuerdo [m]/ souvenir [m] *rekooerdo/ soobeneer*

space espacio [m] *esspatheeo;* **room:** sitio [m] *seeteeo*

Spain España *esspanya*

Spanish español/española *esspanyol/esspanyola*

spare (extra) de sobra *de sobra;* **spare part:** pieza de repuesto [f] *pyetha de repooessto;* **spare time:** tiempo libre [m] *tyempo leebre*

to speak hablar *ablar*

speaker (loudspeaker) altavoz [m] *altaboth*

special especial [m/f] *esspetheeal*

speciality especialidad [f] *esspetheealeedath*

speed velocidad [f] *belotheedath;* **at full speed:** a toda velocidad *a toda belotheedath*

to spend (money) gastar *gasstar,* **or (time)** pasar *passar*

spice especia [f] *esspetheea*

spicy picante [m/f] *peekante*

spider araña [f] *aranya*

spinach espinacas [f] *esspeenakass*

to spit escupir *esskoopeer*

to split (divide) repartir *reparteer;* **leave:** largarse *largarsse;* **to split up:** separarse *ssepararsse*

to spoil (damage) estropear *esstropear;* **ruin:** arruinar *arroeenar*

spoiled (child) mimado/a *meemado/a*

spontaneous espontáneo/a *esspontaneo/a*

spoon cuchara [f] *kootshara*

sport deporte [m] *deporte;* **sports centre:** centro deportivo [m] *thentro deporteebo*

sporty deportivo/a *deporteebo/a*

spot (pimple) grano [m] *grano;* **place:** sitio [m]/ lugar [m] *seeteeo/ loogar*

sprain esguince [m] *essgeenthe*

spring (season) primavera [f] *preemabera;* **or (water)** manantial [m] *mananteeal*

square (in town) plaza [f] *platha;* **not trendy:** carroza/ carca [m/f] *karrrotha/ karka*

squash (game) squash [m] *sskooassh*

stadium estadio [m] *esstadeeoo*

stairs escaleras [f] *esskalerass*

stamp sello [m] *selyo*

to stand (bear) soportar *ssoportar;* **I can´t stand:** no soporto *no ssoporto;* **(not sit)** estar de pie *esstar de pye;* **(to**

stand up) ponerse de pie *ponersse de pye;* **(to stand up for)** defender *defender*

stand-by (ticket, passenger) lista de espera [f] *leessta de esspera*

star (in sky/film) estrella [f] *esstrelya*

start principio [m] *preentheepeeo;* **of race:** salida [f] *saleeda*

starter (first course) entremeses [m] *entremessess*

station (train/ underground/ radio) estación [f] *esstatheeon*

to stay quedarse *kedarsse*

steak filete [m] *feelete*

to steal robar *robar*

steep empinado/a *empeenado/a*

step (footstep) paso [m] *passo,* **or (stair)** escalón [m] *esskalon*

stepbrother hermanastro *ermanasstro*

stepfather padrastro *padrasstro*

stepmother madrastra *madrasstra*

stepsister hermanastra *ermanasstra*

stereotype estereotipo [m] *esstereoteepo*

to stick (glue) pegar *pegar*

stiff liso *leesso;* **to be/feel stiff:** tener agujetas *tener agoohetass*

still (even now) todavía *todabeea;* **or (not moving)** inmóbil *eenmobeel*

to sting picar *peekar*

stingy (not generous) tacaño/a *takanyo/a*

to stink oler mal *oler mal*

to stir mover *mober;* **or (cause trouble)** provocar un escándalo *probokar oon esskandalo*

stomach estómago [m] *esstomago;* **or (tummy)** barriga [f] *barrreega*

stone piedra [f] *pyedra*

to stop parar *parar,* **or (prevent)** impedir *eempedeer*

storm tormenta [f] *tormenta*

story historia [f] *eestoreea,* **or (plot)** argumento [m] *argoomento,* **or (in newspaper)** artículo [m] *arteekoolo*

straight (not curved) derecho/a *deretsho/a;* **or (directly)** directamente *deerektamente,* **or (not gay),** heterosexual [m/f] *eterossekssooal;* **straight ahead:** todo recto *todo rekto*

strange extraño/a *eksstranyo/a*

stranger extranjero/a *eksstranhero/a*

strawberry fresa [f] *fressa*

street calle [f] *kalye* **or (high/main road)** calle principal [f] *kalye preentheepal*

strength fuerza [f] *fooertha*

stress tensión [f] *tensseeon*

strict estricto/a *esstreekto/a*

strike (stop work) huelga [f] *ooelga*

string cuerda [f] *kooerda*

striped a rayas *a rayass*

strong fuerte [m/f] *fooerte*

stubborn cabezota [m/f] *kabethota*

stuck (unable to move) bloqueado/a *blokeado/a;*

stuck up: presumido/a *presoomeedo/a*

student estudiante [m/f] *esstoodeeante*

to study estudiar *esstoodeear*

stuff (things) cosas [f] *kosass*

stunning alucinante* [m/f] *alootheenante;* **she´s stunning:** es imponente/alucinante *ess eemponente/alootheenante*

stupid estúpido/a *esstoopeedo/a;* **to act stupid:** hacer el tonto *ather el tonto;* **a stupid thing:** una tontería *oona tontereea*

subconsciously inconscientemente *eenkonssthyentemente*

subject sujeto [m] *sooheto*

subtle sutil [m/f] *sooteel*

suburbs afueras [t] *afooerass*

to succeed tener éxito *tener eksseeto*

success éxito [m] *eksseeto*

such tal/tan *tal/tan*

suddenly de repente *de repente*

to ski esquiar **(see p.33)**

el teleférico *telefereeko*
el telesilla *teleseelya*
el trineo *treeneo*
el snowboard / *essnowbor*
la pista *peessta*
la cinta / *la theenta*
fuera de pista *fooera de peessta*
las gafas *gafass*
el teleski *teleskee*
el plumifero *ploomeefero*
el guante *gooante*
el pase *passe*
la riñonera *rinyonera*
el palo de esquiar *palo de esskear*
el traje de esquiar *trahe de esskeear*
las mallas *malyas*
la fijación *fihatheeon*
le ski *skee*
las botas de esquiar *botass de esskeear*

suede ante [m] *ante*
to suffer sufrir *soofreer*
sugar azúcar [m] *athookar*
to suggest sugerir *soohereer*
suit traje [m] *trahe*
to suit sentar bien *sentar byen*;
it suits you: te sienta bien *te syenta byen*
suitcase maleta [f] *maleta*
summer verano [m] *berano*;
summer camp: campamento de verano [m] *kampamento de berano*
sun sol [m] *sol*; **sun block:** protección total [f] *protektheeon total*; **sun cream:** leche bronceadora [f] *letshe brontheadora*
to sunbathe tomar el sol *tomar el ssol* (see picture)
sunburned (to be/get sunburned) quemarse *kemarsse*
Sunday domingo [m] *domeengo*
sunglasses gafas de sol [f] *gafass de ssol*
sunny soleado/a *ssoleado/a*
sunset puesta de sol [f]

pooessta de ssol
sunstroke insolación [f] *enssolatheeon*
supermarket supermercado [m] *soopermerkado*
superstitious supersticioso/a *soopersteetheeosso/a*
supper cena [f] *thena*
supplement suplemento [m] *sooplemento*
to suppose suponer *sooponer*
supposed to supuesto/a *soopooessto/a*
sure seguro/a *seegooro/a*
to surf hacer surf/hacer surfing *ather soorf/ather soorfeeng* (see picture);
internet: navegar por internet *nabegar por la eenternert*
surprise sorpresa [f] *ssorpressa*
suspense suspense [m] *soospensse*
to swallow tragar *tragar*
to swap cambiar/ intercambiar *kambeear/ eenterkambeear*
to swear jurar *hoorar*
swearword palabrota [f] *palabrota*
sweat sudor [m] *soodor*

to sweat sudar *soodar*
sweater jersey [m] *herssey*
sweatshirt sudadera [f] *soodadera*
sweet caramelo [m] *karamelo*; **or (sugary)** dulce [m/f] *doolthe*; **or (cute)** mono/a, lindo/a *mono/a, leendo/a*
to swim nadar *nadar*; **or (to go swimming/ to go for a dip)** ir a bañarse *eer a banyarsse* (see picture)
swimming natación [f] *natatheeon*; **swimming pool:** piscina [f] *peesstheena*; **swimming costume/trunks:** bañador [m] *banyador* (see picture)
Switzerland Suiza *sooeetha*
swollen hinchado/a *eentshado/a*
synagogue sinagoga [f] *seenagoga*

table mesa [f] *messa*; **table football:** futbolín [m] *footboleen*; table tennis: ping-pong [m]/ tenis de mesa [m] *peen-pon/ teneess de messa*

to sunbathe tomar el sol

to surf hacer surfing

la sombrilla *ssombreelya*
la toalla *toalya*
la duna *doona*
el biombo *beeombo*
la tumbona *toombona*
el mar *mar*
el surfista *soorfeesta*
la tabla de surf *tabla de soorf*
la arena *arena*
la visera *veessera*
la hamaca *amaka*
las gafas de sol *gafass de ssol*
la leche bronceadora *letshe brontheadora*
la ola *ola*
el colchón de aire *coltshon de aeere*
la pamela *pamela*

tacky (shoddy) cutre* [m/f] *kootre*

to take tomar/ coger *tomar/ koher;* **or (to lead)** llevar *lyebar*

to take away llevarse *lyebarsse*

to take off quitarse *keetarsse,* **or (plane)** despegar *desspegar;*

to take part: participar *parteetheepar*

take away (food) comida para llevar *komeeda para lyebar*

to talk hablar *ablar*

talkative hablador/a *ablador/a*

tall alto/a *alto/a*

tampon tampón [m] *tampon*

tan bronceado [m] *brontheado*

tanned moreno/a *moreno/a*

tap grifo [m] *greefo*

tart tarta [f] *tarta*

to taste (something) probar *probar*

taxi taxi [m] *takssee;* **taxi stand:** parada de taxis [f] *parada de taksseess*

tea (drink) té [m] *te;* **afternoon snack:** merienda [f] *meryenda;* **evening meal:** merienda-cena [f] *meryenda-thena*

to teach enseñar *ensenyar*

teacher profesor/a *profesor/a*

team equipo [m] *ekeepo;* **to be part of a team:** formar parte de un equipo *formar parte de oon ekeepo*

tear (in tears) llorando *lyorando;* **to burst into tears:** ponerse a llorar *ponersse a lyorar*

to tease tomar el pelo/ hacer rabiar *tomar el pelo/ ather rabeear;* **to be joking:** bromear *bromear*

teenager adolescente [m/f] *adolessthente*

telephone teléfono [m] *telefono*

television televisión [f]/ tele [f] *telebeesseeon/ tele;* **on television:** en la tele *en la tele;* **cable TV:** televisión por cable [f] *telebeesseeon por kable;* **digital TV:** televisión digital [f] *telebeesseeon deeheetal*

to tell decir *detheer;* **or (to recount)** contar *kontar;*

to tell off: regañar, echar la bronca* *reganyar, etshar la bronka*

temperature temperatura [f] *temperatoora;* **to have a temperature:** tener fiebre *tener fyebre*

temporary temporal/ provisional *temporal/ probeeseeonal*

tennis tenis [m] *teneess*

tent tienda [f] *tyenda*

term (school or university) trimestre [m] *treemesstre;* **beginning of term:** el comienzo del curso escolar *el komyentho del koorsso esskolar*

terrible terrible *terreeble*

terrific estupendo/a *esstoopendo/a*

to terrify aterrorizar *aterrroreethar*

terrorism terrorismo [m] *terrroreessmo*

test (school) exámen [m] *ekssamen*

textbook libro de texto [m] *leebro de tekssto*

Thames (river) el Támesis *el tamesseess*

than que *ke* **or (with numbers)** de *de*

to thank dar las gracias *dar lass gratheeass*

thankful (for) agradecido/a por *agradetheedo/a por*

thank you gracias *gratheeass*

that ese/esa *esse/essa,* **or (that over there)** aquel/aquella *akel/akelya,* **or (that one)** ése/ésa *esse/essa,* **or (that one over there)** aquél/aquella *akel/akelya*

to swim nadar

el gorro de baño *gorrro de banyo*

el bañador *banyador*

de espalda *de esspalda*

el crol *krol*

el manguito/el brazalete *mangeeto/ brathalete*

el flotador *flotador*

la braza *bratha*

el bañador *banyador*

las bermudas *bermoodas*

el biquini *beekeenee*

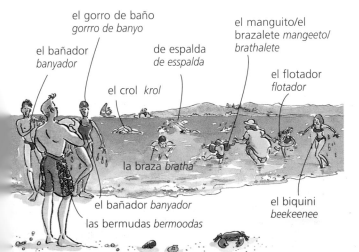

to thaw (food) descongelar *desskonhelar*
the el/la/los/las *el/la/loss/lass*
theatre teatro [m] *teatro*
their su *soo*
them (as in "I see/know them") los/las *loss/lass;* **or (as in "it's them" and after "of", "than", "to" and**

what time is it?
¿qué hora es?

 las nueve y cuarto *las nooebe ee kooarto*

 las tres (en punto) *las tress*

 las ocho menos diez *las otsho menoss dyeth*

 las once y veinte *las onthe ee beinte*

 la una menos cuarto *la oona menoss kooarto*

 las diez y media *las dyeth ee medeea*

 mediodía/ medianoche *medeeo deeya/ medeeanotshe*

"with" etc.) ellos/ellas *elyoss/elyass*
theme tema [m] *tema;* **theme park:** parque de atracciones [m]/ parque temático [m] *parke de atraktheeoness/ parke temateeko*
then entonces *entonthess*
therapy terapia [f] *terapeea*
there allí *alyee;* **there is/are:** hay *ay*
thermometer termómetro [m] *termometro*
these estos/estas *esstoss/ esstass;* **these ones:** éstos/ éstas *esstoss/esstass*
they ellos/ellas *elyoss/elyass*
thick (liquid, soup) espeso/a *espesso/a,* **or (book)** grueso/a *grooesso/a,* **or (stupid)** torpe [m/f] *torpe*
thief ladrón/ladrona *ladron/ ladrona*
thin delgado/a *delgado/a*
thing cosa [f] *kossa*
things cosas [f] *kossass*
to think pensar *penssar*
thirsty (to be thirsty) tener sed *tener sseth*
this este/esta *esste/essta;* **this one:** éste/ésta *esste/essta*
those esos/esas *essoss/essass;* **those over there** aquellos/ aquellas *akelyoss/akelyass;* **those ones:** ésos/ésas *essoss/essass;* **those ones over there** aquéllos/aquéllas *akelyoss/akelyass*
thread hilo [m] *heelo*
threat amenaza [f] *amenatha*
thrill emoción [f] *emotheeon;* **cold:** escalofrío [m] *esskalofreeo*
thriller thriller [m] *threeler;* película de acción [f] *peleekoola de aktheeon*
throat garganta [f] *garganta;*

sore throat: dolor de garganta [m] *dolor de garganta*
through por/ a través de *por/ a trabess de;* **to go through:** cruzar *kroothar*
to throw lanzar *lanthar;* **to throw away:** tirar *teerar;* **to throw up:** vomitar *bomeetar*
thug granuja [m/f] *granooha*
Thursday jueves [m] *hooebess*
ticket billete [m]/ ticket [m] *beelyete/ teekket;* **ticket machine:** distribuidora de billetes [f] *deesstreebooeedora de beelyetess;* **ticket office:** taquilla [f] *takeelya;* **ticket collector:** revisor [m] *rebeessor;* **ticket stamping machine:** distribuidora automática de sellos [f] *deesstreebooeedora aootomateeka de selyoss*
to tickle hacer cosquillas *ather kosskeelyas*
tide marea [f] *marea*
to tidy up ordenar *ordenar*
to tie atar *atar*
tights medias [f] *medeeass*
time (hour) hora [f] *ora;* **(occasion)** vez [f] *beth;* **on time:** puntual [m/f] *poontooal;* **to have time:** tener tiempo *tener tyempo;* **what time is it?:** ¿qué hora es? *ke ora ess* **(see picture)**
timetable horario [m] *orareeo*
tin (can) lata [f] *lata;* **tin opener:** abrelatas [m] *abrelatass*
tinted (hair) teñido *tenyeedo;* **glass:** matizado *mateethado*
tiny diminuto/a *deemeenooto/a*

tip (end) punta [f] *poonta* **or (money)** propina [f] *propeena*
tired cansado/cansada *kanssado/kanssada*
tissue (hanky) pañuelo de papel [m] *panyooelo de papel*
to a *a*
toast tostada [f] *tosstada*
today hoy *oy*
together juntos/as *hoontoss/ hoontass*
toilet servicio/s [m] *sserbeetheeo/ss;* **toilet paper:** papel higiénico [m] *papel eehyeneeko*
toll peaje [m] *peahe*
tomato tomate [m] *tomate;* **tomato sauce:** salsa de tomate [f] *ssalssa de tomate*
tomorrow mañana *manyana;* **the day after tomorrow:** pasado mañana *passdo manyana*
tongue lengua [f] *lengooa*
tonight esta noche *essta notshe*
too (too much) demasiado *demasseeado,* **or (also)** también *tambyen*
tool herramienta [f] *herrramyenta* **(see picture)**
tooth diente [m] *dyente*
toothbrush cepillo de dientes [m] *thepeelyo de dyentess*
toothpaste dentrífrico [m] *dentreefreeko*
top (bottle) tapón [m] *tapon;* **or (not bottom, item of clothing)** camiseta [f] *kameeseta*
topless topless [m] *topless;* **to sunbathe topless:** tomar el sol en topless *tomar el sol en topless*
torch (for pocket) linterna

[f] *leenterna;* **or (flaming)** antorcha [f] *antortsha*
to touch tocar *tokar;* **to touch wood:** tocar madera *tokar madera*
tour (day trip) excursión [f] *eksskoorsseeon;* **or (concerts)** gira [f] *heera;* **package tour:** viaje organizado [m] *beeahe organeethado*

tools las herramientas

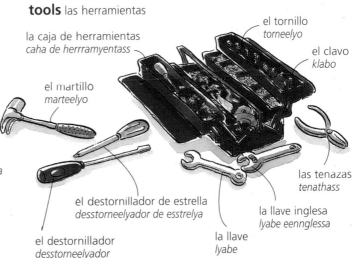

la caja de herramientas
caha de herrramyentass

el martillo
marteelyo

el tornillo
torneelyo

el clavo
klabo

las tenazas
tenathass

la llave inglesa
lyabe eennglessa

la llave
lyabe

el destornillador de estrella
desstorneelyador de esstrelya

el destornillador
desstorneelyador

tourist turista [m/f] *tooreessta;* **tourist office:** oficina de turismo [f] *ofeetheena de tooreessmo*
touristy turístico/a *tooreessteeko/a*
towards hacia *atheea*
towel toalla [f] *toalya*
town ciudad [f] *theeoodath;* **town centre:** centro de la ciudad [m] *thentro de la theeoodath;* **or (old town)** casco viejo [m]/ parte antigua [f] *kassko byeho/ parte anteegooa;*

town hall: ayuntamiento [m] *ayoontamyento*
toy juguete [m] *hoogete*
traffic tráfico [m] *trafeeko;* **traffic jam:** atasco [m] *atassko;* **traffic lights:** semáforos [m] *ssemafoross*
trail (route) camino/ sendero [m] *kameeno/ sendero*

train tren [m] *tren* **(see picture on p.40)**
to train (sport) entrenar *entrenar;* **training course:** curso de formación [m] *koorsso de formatheon*
trainers zapatillas de deporte [f] *thapateelyass de deporte*
to translate traducir *tradootheer*
transport transporte [m] *transporte*
to travel viajar *beeahar*
travel agency agencia de viajes [f] *ahentheea de beeahess*

train el tren (see p.39)

el panel de llegadas
panel de lyegadass

el panel de salidas
panel de ssaleedass

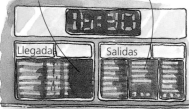

la taquilla *takeelya*

el tren *tren*

el bar *bar*   el vagón *bagon*

no fumadores *no foomadoress*

el vagón-restaurante *vagon resstaoorante*

la litera *leetera*   el carro *karrro*

el jefe de estación
hefe de esstatheeon

traveller viajero/a; *beeahero/a;* **traveller's cheque:** cheque de viaje [m] *tsheke de beeahe*

tree árbol [m] *arbol*

trendy (person) moderno/a *moderno/a;* **or (clothes)** a la última *a la oolteema*

trip (long) viaje [m] *beeahe,* **or (short)** excursión [f] *eksskoorsseeon*

---

triple triple *treeple;*
triplets: trillizos/as *treelyeethoss/ass*

trolley (for baggage/ shopping) carro [m] *karrro*

trouble problemas [m] *problemass*

trousers pantalones [m] *pantaloness*

true verdadero/a *berdathero/a*

to trust confiar *konfeear*

truth verdad [f] *berdath*

to try intentar *eententar*

T-shirt camiseta [f] *kameesseta*

Tuesday martes [m] *martess*

tuna atún [m] *atoon*

tunnel túnel [m] *toonel*

to turn girar *heerar;* **to turn around/back:** dar la vuelta/volver *dar la booelta/ bolber;* **to turn down (music/heat):** bajar *bahar;* **to turn off (light/TV):** apagar *apagar;* **to turn on (light/TV):** encender *enthender*

to turn up (music/heat) subir *soobeer,* **or (to arrive)** llegar *lyegar*

twin (brother/sister) gemelo/a *hemelo/a*

typical típico/a *teepeeko/a*

tyre rueda [f] *roeeda;* **tyre pressure:** presión de las ruedas [f] *presseeyon de lass rooedass*

ugly feo/a *feo/a*

umbrella paraguas [m] *paragooass*

unbelievable increíble *eenkreyble*

---

under debajo de *debaho de*

underground (trains) metro [m] *metro*

to understand entender/ comprender *entender/ komprender*

underwear ropa interior [f] *ropa eentereeor*

unemployed person: parado/a *parado/a;* **out of work:** en el paro *en el paro*

unemployment paro [m] *paro*

unfortunately desafortunadamente *dessafortoonadamente*

United States Estados Unidos [m] *esstadoss ooneedoss*

university universidad [f] *ooneeberseedath*

unusual (rare) raro/a *raro/a;* **original:** original *oreeheenal*

up (to go up/walk up) subir *soobeer*

uptight nervioso/a *nerbeeosso/a*

urgent urgente [m/f] *oorhente*

us nosotros/as *nossotross/ass*

to use utilizar/usar *ooteeleethar/oossar*

used (to be used to) estar acostumbrado/a *esstar akoosstoombrado/a*

useful útil *ooteel*

useless (of no use) inútil *eenooteel;* **or (no good)** malo/a *malo/a*

usual (customary) usual [m/f] *oossooal;* **as usual:** como siempre *komo syempre*

usually normalmente *normalmente*

vacation vacaciones [f] *bakatheeoness*

vaccination vacuna [f] *bakoona*

valuables objetos de valor [m] *obhetoss de balor*
vanilla vainilla [f] *baeeneelya*
vegetable verdura [f] *berdoora*
vegetarian vegetariano/a *behetareeano/a*
vending machine distribuidor automático [m] *deesstreebooeedor aootomateeko*
very muy *mooy;* **very much:** muchísimo *mootsheeseemo*
video vídeo [m] *beedeo,*
view vista [f] *beessta;*
opinion: opinión [f] *opeeneeon*
village pueblo [m] *pooeblo*
vine viña [f] *beenya*
vineyard viñedo [m] *beenyedo*
visit visita [f] *beesseeta*
to visit visitar *beesseetar*
vital vital/esencial *beetal/ essentheeal*
volleyball voleibol [m] *boleybol*
vote voto [m] *boto*

wacky chiflado/a, chalado/a *tsheeflado/a, tshalado/a*
to waffle meter el rollo/ meter mucha paja* *meter el rolyo/ meter mootsha paha*
wage sueldo [m]/ salario [m] *ssooeldo/ ssalareeo*
waist cintura [f] *theentoora*
waistcoat chaleco [m] *tshaleko*
to wait esperar *essperar*
waiter camarero [m] *kamarero*
waiting room sala de espera [f] *ssala de esspera*
waitress camarera [f] *kamarera*
to wake up despertarse *desspertarsse*
Wales País de Gales [m] *paeess de galess*
wall pared [f] *pareth*
walk paseo [m] *passeo*
to walk andar *andar,* **or (to go on foot)** ir a pie/ ir andando *eer a pye/ eer andando,* **or (to walk**

around/about) dar un paseo *dar oon passeo*
wallet cartera [f] *kartera*
walnut nuez [f] *nueth*
to want querer *kerer*
war guerra [f] *gerra*
wardrobe armario [m] *armareeo*
warm (water) templado/a *templado/a;* **or (e.g. hands)** caliente *kalyente*
to warm up (things) calentar *kalentar,* **or (people)** calentarse *kalentarsse*
warning aviso [m] *abeesso*
wart verruga [f] *berrrooga*
to wash lavar *labar,* **or (yourself)** lavarse *labarsse,* **or (to wash up)** lavar los platos *labar loss platoss*
washing (washing machine) lavadora [f] *labadora;* **washing powder:** detergente [m] *deterhente;* **washing up:** platos [m] *platoss;*
washing-up liquid: lavavajillas [m] *lababaheelyass*

water el agua (see page 42)   **wine** el vino (see page 43)

el agua mineral sin gas *agooa meeneral seen gass*

el cubito de hielo *coobeeto de yelo*

el vino blanco *beeno blanko*

la media botella *medeea botelya*

el vino tinto *beeno teento*

el vino rosado *bino rosado*

el jarro *harrro*

el agua mineral con gas *agooa meeneral kon gass*

la jarra *harrra*

el sacacorchos *sakakorthoss*

el tapón *tapon*

un vaso de agua *basso de agooa*

una copa de vino *kopa de beeno*

waste (of food/money etc.) desperdicio [m] *dessperdeetheeo;* **waste of time:** pérdida de tiempo [f] *perdeeda de tyempo*

to waste (food/money) desperdiciar *dessperdeetheear;* **or (time/opportunity)** perder *perder*

watch reloj [m] *reloh*

to watch (look at) mirar *meerar;* **or (keep an eye on)** vigilar *beeheelar;* **watch out!:** ¡cuidado! *kooeedado*

water agua [m] *agooa* **(see picture on p.41)**

waterfall: cascada [f] *kasskada*

waterproof impermeable *eempermeable*

wave (of hand) señal [m], **or (on water)** ola [f] *ola*

way (direction) dirección [f] *deerektheeon;* **or (route)** camino [m] *kameeno;* **or (manner)** manera [f] *manera;* **or (to be/get in the way)** molestar/estorbar *molesstar/ esstorbar;* **to get one's own way:** salirse con la suya *saleersse kon la sooya*

we nosotros/as *nossotross/ass*

weak débil *debeel;* **coffee/ tea:** no muy fuerte *no mooy fooerte*

to wear llevar *lyebar,* **or to wear out (exhaust)** agotar *agotar,* **or (overuse):** desgastar *dessgasstar*

weather tiempo [m] *tyempo* **(see picture);** **what's the weather like?:** ¿qué tiempo hace? *ke tyempo athe;* **weather forecast:** pronóstico del tiempo [m]/ tiempo [m] *pronossteeko del tyempo/ tyempo*

website página web [f] *paheena web*

wedding boda [f] *boda*

Wednesday miércoles *myerkoless*

week semana [f] *semana*

weekend fin de semana [m] *feen de semana*

weight peso *pesso;* **to lose weight:** adelgazar *adelgathar;* **to put on weight:** engordar *engordar*

welcome bienvenido/a *byenbeneedo/a;* **you're welcome!:** ¡de nada! *de nada*

well bien *byen*

well-behaved bien educado/ a *byen edookado/a;*

well-cooked: bien hecho/ muy hecho *byen etsho/ mooy etsho;* **well-known:** conocido/a *konotheedo/a;* **to be well:** estar bien *esstar byen*

west oeste [m] *oesste*

wet mojado/a *mohado/a*

what qué *ke*

wheel rueda [f] *rooeda;* **steering wheel:** volante [m] *bolante*

wheelchair silla de ruedas [f] *seelya de rooedass*

when cuándo *kooando*

where donde *donde*

which cuál/cuales *kooal/ kooaless;* **which bike?:** ¿qué bici? *ke beethee*

while (during) mientras *myentrass*

white blanco/a *blanko/a*

who quién *keeyen;*

whose: de quién *de keeyenn*

whole entero/a *enterola*

why ¿por qué? *por ke*

wide ancho/a *antsho/a*

widow viuda [f] *beeooda*

widower viudo [m] *beeoodo*

weather
el tiempo

está lloviendo
essta lyobyendo

está nublado
essta nooblado

hace sol
athe sol

está nevando
essta nebando

wild (not tame) salvaje *salbahe*
to win ganar *ganar*
wind viento [m] *byento*
window ventana [f] *bentana*, **or (shop)** escaparate [m] *esskaparate*
windscreen parabrisas [m] *parabreessass;*
windscreen wiper: limpiaparabrisas [m] *leempeeaparabreessass*
windsurfer (board) tabla de windsurfing *tabla de weendsoorfeeng*, **or (person)** windsurfista [m/f] *weendsoorfeessta*
wine vino [m] *beeno* **(see picture on p.41)**
winner ganador/a *ganador/a*
winter invierno [m] *eenbyerno*
wish deseo [m] *desseo;* **best wishes (in a letter):** saludos cordiales *saloodoss kordeealess;* **Christmas:** Feliz Navidad *feleeth nabeedath;* **birthday:** Felicidades *feleetheedadess*
to wish desear *dessear*
with con *kon*
without sin *seen*
witty ingenioso *inheneeosso*

wolf lobo [m] *lobo*
woman mujer [f] *mooher*
wonderful maravilloso/a *marabeelyosso/a*
wood madera [f] *madera*
wool lana [f] *lana*
word palabra [f] *palabra;* **words (of song):** letra [f] *letra*
work trabajo [m]/ curro* [m] *trabaho/ koorrro*
to work trabajar/currar* *trabahar/koorrrar;* **or (to function)** funcionar *foontheeonar*
world mundo [m] *moondo;* **out of this world:** maravilloso/a *marabeelyosso/a*
worried preocupado/a *preokoopado/a*
to worry preocuparse *preokooparsse*
worse peor *peor*
worth (to be worth) valer *baler*
wrist muñeca [f] *moonyeka*
to write escribir *esskreebeer*
writer escritor/a *esskreetor/a*
wrong (incorrect) falso/a *falsso/a;* **unfair:** injusto/a *eenhoossto/a;* **to be wrong/**

mistaken: estar equivocado/a *esstar ekeebokado/a;* **what's wrong?:** ¿qué pasa? *ke passa*
to yawn bostezar *bosstethar*
year año [m] *anyo*
yellow amarillo *amareelyo*
yes sí *see*
yogurt yogur [m] *yogoor*
you (as in "you like him") te/le/os/les *te/le/oss/less;* **or (as in "it's you" and after "and", "than")** tú/ usted/vosotros-as/ustedes *too/ossted/ bossotross-ass/ oosstedess;* **or (after "for")** tí/usted/ vosotros-as/ustedes *tee/ oossted/ bossotross-ass/ oosstedess;* **or (as in "he knows you")** te/lo-a/os/los-as *te/lo-a/oss/loss-ass*
young joven *hoben*
your (to friend) tu/ tus/ vuestro-a-os-as *too/ tooss/ booesstro-a-oss-ass;* **polite form:** su/sus *ssoo/ssooss*
youth hostel albergue juvenil [m] *alberge hoobeneel*

zip cremallera [f] *kremalyeera*

---

hay tormenta *ay tormenta*

hace frío *athe freeo*

hace calor *athe kalor*

hace viento *athe byento*

You don't have to make a perfect sentence to be understood, but knowing a little about the way Spanish works will help. These notes provide some basic tips about the language.

Nouns *(names of things, e.g. "guitar")*

Most Spanish nouns are either masculine (m) or feminine (f). The word for "the" or "a" shows the noun's gender: with (m) nouns, "the" is **el**, and "a" is **un**; with (f) nouns, "the" is **la**, and "a" is **una.**

Most nouns ending in **o** are masculine and most ending in **a** are feminine.

Adjectives *(describing words, e.g. "red")*

Most adjectives come after the noun they refer to, e.g. **la película larga** (the long film). They also agree with the noun, so they change when used with a feminine or plural noun.

With feminine nouns, adjectives ending in **o** and a few others change to **a**, e.g. **corto** becomes **corta**. Others don't change, e.g. **feliz** (happy).

With plural nouns, most adjectives that end in a vowel have an **s**, e.g. **rojo** (m) becomes **rojos**. Those that end in a consonant have **es**, e.g. **difícil** (difficult) becomes **difíciles**.

Some common adjectives come before the noun, e.g. **gran** (big), **poco/poca** (little).

Plurals *(more than one, e.g. "guitars")*

The plural word for "the" is **los** + masculine noun and **las** + feminine noun, e.g. **los autobuses** (the buses), **las casas** (the houses).

Uno and **una** become **unos** and **unas**, e.g. **unos autobuses** (some buses), **unas casas** (some houses).

To make nouns plural, add **es** to any that end in a consonant, e.g. **un tren, dos trenes** (a train, two trains) and add **s** to most nouns ending in a vowel, e.g. **un billete, dos billetes** (a ticket, two tickets).

Possessions

Spanish uses **de** to show possession where English does not, e.g. **el libro de Ana** (Ana's book), **el suéter del niño** (the kid's jumper).

This and that

The Spanish for "this" is **este** + (m) noun, e.g. **este chico** (this boy), **esta** + (f) noun, e.g. **esta chica** (this girl), **estos** + plural (m) noun, e.g. **estos chicos** (these boys), **estas** + plural (f) noun, e.g. **estas chicas** (these girls).

There are two words for "that": **ese** when the person or thing referred to is near the person you're speaking to, e.g. who's that guy on your right?, and **aquel** when the person or thing is far from both of you, e.g. that guy over there. **Ese** and **aquel** change as follows: **ese** or **aquel** + (m) noun, **esa** or **aquella** + (f) noun; **esos** or **aquellos** + plural (m) noun; **esas** or **aquellas** + plural (f) noun.

I, you, he, she etc.

Spanish often leaves out "I", "you", etc. The verb changes according to who or what is doing the action so they are not needed, e.g. **Estoy pensando** (I am thinking, literally "am thinking").

There are four words for "you". You use **tú** to a friend or someone your own age or younger. Use **usted** (often written Ud.) to a person you don't know or you want to show respect to (someone older). For more than one person in an informal situation, use **vosotros/-as**. Use **vosotras** when talking to girls or women only; and **ustedes** (written Uds.) for more than one person in a formal or polite situation.

Verbs *(action words, e.g. "to run")*

Spanish verbs have more tenses (present, future, simple past etc.) than English verbs, but you only need a few to get by.

Present tense

Spanish verbs end in **ar**, **er** or **ir** in the infinitive (the basic form). Drop **ar**, **er**, or **ir** and replace it with the ending you need:

to buy	**compr ar**
I buy	compr o
you buy	compr as
he/she/it buys, you buy (pol.)	compr a
we buy	compr amos
you buy	compr áis
they buy, you buy (pl.pol.)	compr an

to eat	**com er**
I	com o
you eat	com es
he/she/it eats, you eat (pol.)	com e
we eat	com emos
you eat	com éis
they eat, you eat (pl.pol.)	com en

to write	**escribir**
I write	escrib o
you write	escrib es
he/she/it writes, you write (pol.)	escrib e
we write	escrib imos
you write	escrib ís
they write, you write (pl.pol.)	escrib en

Ser and estar (to be)

Spanish has two verbs "to be". **Ser** is used to describe people and things, e.g. **Soy inglés** (I am English), and to tell the time, e.g. **Son las tres** (It's three). **Estar** is for saying where people and things are, e.g. **Está lejos** (It's far) and describing anything changeable or short-lived, e.g. **Está de mal humor** (He's in a bad mood). Both are irregular:

to be	**ser**	**estar**
I am	soy	estoy
you are	eres	estás
he/she/it is, you are (pol.)	es	está
we are	somos	estamos
you are	sois	estáis
they are, you are (pl.pol.)	son	están

Past and future tenses

To say things about the past, use the simple past tense. **Ar** verbs have one set of endings and **er** and **ir** verbs have another:

to buy	**compr ar**
I bought	compr é
you bought	compr aste
he/she/it bought, you bought (pol.)	compr ó
we bought	compr amos
you bought	compr ásteis
they bought, you bought (pl.pol.)	compr aron

to eat	**com er**
I ate	com í
you ate	com iste
he/she/it ate, you ate (pol.)	com ió
we ate	com imos
you ate	com ísteis
they ate, you ate (pl.pol.)	com ieron

To talk about the future, use the present tense of ir (to go) + a + the infinitive, e.g. **Voy a comprar** (I'm going to buy).

Reflexive verbs (verbs with "se")

Some Spanish verbs begin with **se** in the infinitive. They usually mean an action you do to yourself. e.g.

I get up	me levanto
you get up	te levantas
he/she/it gets up, you get up (pol.)	se levanta
we get up	nos levantamo
you get up,	os levantáis
they get up, you get up (pl.pol.)	se levantan

Negatives

To make a sentence negative, put no in front of the verb, e.g. **No comprendo** (I don't understand). Other useful negative words include **nunca** (never), **nadie** (nobody), **nada** (nothing), **ninguno/ninguna** (any).

a to
a menudo often
a propósito on purpose
a través de through
a veces sometimes
abajo below
abanico [m] fan
abaratar to lower the price (of)
abarrotado/a (de gente) jam-packed, very crowded
abasto* (dar abasto) to cope, to keep up
abecedario [m] alphabet
abejas [f] bees
abeto [m] fir tree
abierto/a open, open-minded
abogado/a lawyer
abrazar to hug
abrebotellas [m] bottle opener
abridor [m] can opener
abrigo [m] coat
abril April
abrir to open
abrochar to fasten (belt, shirt, etc.)
abuela [f] grandmother
abuelo [m] grandfather
aburrido/a boring
aburrirse to get bored; **estar aburrido/a:** to be bored; **ser aburrido/a:** to be boring
acabar to finish; **acabar de hacer algo:** to have just done something
acaecer to happen, occur
acampar to camp
acantilado [m] cliff
accidente [m] accident
aceite [m] oil
aceituna [f] olive
acento [m] accent
aceptar to accept
acercarse to get/come near
acontecimiento [m] event
acordarse to remember
acostarse to go to bed
actor [m] actor
actriz [f] actress
Acuario Aquarius
acuerdo [m] agreement; **estar de acuerdo:** to agree
adelantar to overtake
adelgazar to lose weight, to

get thin
adicto/a addict
adiós goodbye, bye
adivinar to guess
adolescente [m/f] teenager
adorar to love, to adore
aduana [f] customs
adulto/a adult
adversario/a opponent
aerobic [m] aerobics
aerodeslizador [m] hovercraft
aerolínea [f] airline
aeropuerto [m] airport
afeitarse to shave
afortunadamente luckily
afueras [f] suburbs
África Africa
agencia de viajes [f] travel agency
agenda [f] diary
agarrar to grab
agosto August
agotado/a exhausted, shattered
agotarse to run out
agradable nice
agradar to please
agradecer to thank
agradecido/a grateful
agresivo/a aggressive
agricultor/a farmer
agua [f] water; **agua mineral sin gas/con gas:** still/sparkling mineral water
aguacate [m] avocado
aguja [f] needle
agujero [m] hole
ahí there
ahora now; **ahora mismo:** straight/right away
aire [m] air; **al aire libre:** in the open air; **aire acondicionado [m]:** air-conditioned
aislado/a isolated
ajedrez [m] chess
al lado de next to
albaricoque [m] apricot
albergue juvenil [m] youth hostel
álbum [m] album
alcohol [m] alcohol
alcohólico/a alcoholic

alegre cheerful
alemán/alemana German
Alemania Germany
alergia [f] allergy; **alergia al polen:** hayfever
aleta [f] flipper (diving)
alfiler [m] pin
alfombra [f] rug
algo something
algodón [m] cotton, cotton wool
alguien somebody
algún/a/os/as some, any
alicates [m] pliers
aliento [m] breath; **sin aliento:** out of breath
alivio [m] relief
allí there; **por allí:** over there
almendra [f] almond
almohada [f] pillow
alojamiento [m] accommodation
alojar to put someone up
alpinismo [m] mountaineering
alpinista (m/f) mountaineer
alquilar to rent, to hire
alrededor de around
altavoz [m] loudspeaker
alto/a tall, high
amable kind
amar to love
amargo/a bitter
amarillo yellow
ambos/as both
ambulancia [f] ambulance
amenaza [f] threat
América America
americano/a American
amigo/a friend
amistad [f] friendship
amor [m] love
ampolla [f] blister
anacardo [m] cashew nut
añadir to add
ancho/a wide
ancla [m] anchor
andar to walk
anfitrión/a host
anillo [m] ring
animarse to cheer up
aniversario [m] anniversary
año [m] year
anoche last night

antes (de) before; **anteayer:** the day before yesterday
antibiótico [m] antibiotic
anticonceptivo [m] contraceptive
antiguo/a old, antique
antiséptico [m] antiseptic
anudar to knot
anular to cancel
anuncio [m] advertisement; **anuncios por palabras [m]:** classified ads
apagado/a (switched) off
apagar to switch off
aparcamiento [m] car park, parking
aparcar to park
apartamento [m] flat
apasionante exciting
apellido [m] surname
apetito [m] appetite
apodo [m] nickname
apostar to bet
apoyar to support
aprender to learn
apretar to tighten/press
aprovecharse de to take advantage of; **¡que aproveche!:** enjoy your meal!
aproximadamente approximately
aquel/aquella that (adj); **aquellos/aquellas** those ones (pronoun)
aquí here
árabe Arab
araña [f] spider
árbitro [m] referee, umpire
árbol [m] tree
arcoiris [m] rainbow
arena [f] sand
Argelia Algeria
argot [m] slang
argumento [m] (reasoning) argument
Aries Aries
armario [m] cupboard, wardrobe
arreglárselas* to cope
arroz [m] rice
arruinar to ruin
arte [m] art
artesanía [f] craftsmanship
artículo [m] article

artista [m/f] artist
asado/a grilled
asaltar to get mugged
ascensor [m] lift
asegurarse to make sure
asesinato [m] murder
Asia Asia
asma [m] asthma
aspirina [f] aspirin
asqueroso/a disgusting, revolting
astuto/a cunning
asuntos [m] business
atacar to attack,
atajo [m] shortcut
atar to tie
atasco [m] traffic jam
atención [f] attention
atractivo/a attractive
atrapar to catch
atreverse to dare
atroz [m/f] outrageous
atún [m] tuna
audiencia [f] audience
aumentar to increase
auriculares [m] earphones
Australia Australia
australiano/a Australian
autobús [m] bus
autocar [m] coach
automático/a automatic
autopista [f] motorway
autor/a author
autostopista [m/f] hitch-hiker
avanzar to go/move forwards
avellana [f] hazelnut
aventurero/a adventurous
avería [f] breakdown
avión [m] plane
avisar to warn; **aviso [m]:** warning
avispa [f] wasp
ayer yesterday
ayuda [f] help, aid
ayudar to help
ayuntamiento [m] town hall
azafata [f] flight attendant
azúcar [m] sugar
azul blue

bacalao [m] cod
bailar to dance

bailarín/a dancer
baile [m] dance
bajar to go/walk down, to lower
bajarse to get off
bajo/a low, short; **abajo:** down below, downstairs
balcón [m] balcony
balde [m] bucket
ballet [m] ballet
balón [m] ball
baloncesto [m] basketball
balsa [f] raft
bañador [m] swimsuit
bañarse to go for a swim, to take a bath
banco [m] bench, bank
bandera [f] flag
bañador [m] swimsuit
baño [m] bath
bar [m] bar
baraja [f] deck (of cards)
baratillo [m] second-hand things/market
barba [f] beard
barca [f] boat (small)
barco [m] boat (big); **barco de vela [m]:** sailing boat
barra [f] bar; **barra de labios [f]:** lipstick
barrera [f] gate
barriga [f] tummy, belly
barrio [m] neighbourhood
bastante quite, enough
bastón [m] stick for walking
basura [f] rubbish
bata [f] dressing gown
bate [m] bat
batería [f] battery, drums
bebé [m] baby
beber to drink
bebida [f] drink
beca [f] grant
belga [m/f] Belgian
bermudas [f] Bermuda shorts
besar to kiss
beso [m] kiss
biblioteca [f] library
bicho [m] bug; **¿qué bicho te ha picado?:** what's the matter with you?/what's got into you?; **bicho raro:** weird person; **mal bicho:** nasty piece of work

bicicleta/bici [f] bike
bien well; **estar bien:** to be well; **bien frío/a:** nice and cold
bienvenida [f] welcome, reception
bienvenido/a welcome
bigote [m] moustache
billete [m] ticket, note
biquini [m] bikini
blanco/a white
blando/a soft
boca [f] mouth
bocado [m] snack or bit (of bridle)
boda [f] wedding
bodega [f] cellar for wine
bolígrafo [m] pen
bollo [m] small baguette
bolos [m] bowling
bolsa [f] carrier bag; **la Bolsa:** Stock Exchange
bolsillo [m] pocket
bolso [m] handbag
bomba [f] bomb, pump
bomberos [m] fire brigade
bombilla [f] lightbulb
bondadoso/a caring
bonito/a nice, pretty (things)
bono transporte [m] season ticket
borracho/a drunk
borrar to rub out, to erase
bosque [m] forest
bostezar to yawn
bota [f] boot; **bota de goma [f]:** welly; **botas de montar:** riding boots
botavara [f] sailing boom
bote de vela [m] sailing dinghy
botella [f] bottle
botiquín [m] first aid box
botón [m] button
boya [f] buoy
bragas [f] knickers
bravo/a brave
braza [f] breast-stroke
brazaletes [m]/ manguitos [m] armband (for swimming)
brazo [m] arm
brida [f] bridle (for riding)
brillar to shine
brocha [f] paintbrush
broche [m] brooch

brocheta [f] kebab
broma [f] joke
bromear to joke
bronceado [m] tan
brújula [f] compass
bruto/a thug
buceador/a diver
bucear to dive
buceo [m] diving, scuba diving
buen (hace buen tiempo) it's fine weather
buenas noches good night
buenas tardes good afternoon/good evening
bueno/a good
bufanda [f] scarf
búho [m] owl
burlarse de to make fun of...
burrada [f]* loads
burro [m] donkey
buscar to look for

caballeros [m] gentlemen
caballo [m] horse
cabeza [f] head
cabezota stubborn
cabina [f] cabin, phone booth
cabra [f] goat
cacahuete [m] peanut
cacerola [f] saucepan
cacto [m] cactus
cada each
cada uno/a each one
cadena [f] chain, hi-fi system
caducado/a no longer valid
caerse to fall
café [m] coffee, **café solo**: black coffee; **café con leche**: white coffee
caja [f] box; **caja de herramientas [f]**: tool box
caja fuerte [f] safe (box for valuables)
cajero [m] cash dispenser
calcetín [m] sock
calculadora [f] calculator
calefacción [f] heating
calendario [m] calendar
calentar to warm up
calidad [f] quality
caliente [m/f] hot
callarse to be/keep quiet, to shut up

calle [f] street
callejón [m] alleyway
calma [f] calm
calmarse to cool/calm down; **¡cálmate!:** cool down!
calor [m] heat
caloría [f] calorie; **bajo en calorías:** low-calorie
calzoncillos [m] boxer shorts
cama [f] bed
cámara digital [f] digital camera
cámara fotográfica [f] camera
cámara de vídeo [f] video camera, camcorder
camarero/a waiter/waitress
cambiar to change
cambio [m] change, exchange; **oficina de cambio [f]:** foreign exchange office; **tipo de cambio [m]:** exchange rate; **cambio de sentido [m]/media vuelta* [f]** U-turn
camino [m] way, route
camión [m] lorry
camisa [f] shirt
camiseta [f] T-shirt
campamento [m] children's summer camp
campeón/a champion
camping [m] campsite
camping gas [m] camping stove
campo [m] countryside, football pitch
caña del timón [f] sailing tiller
Canadá Canada
canal [m] channel, TV channel; **el canal de la Mancha:** the French channel
cancelar to cancel
Cáncer Cancer
canción [f] song
candado [m] padlock
canoa [f] canoe
cañón [m] canon
cansado/a tired
cantante [m/f] singer
cantar to sing
cantidad [f] quantity; **cantidades industriales*:** tons, loads

cantimplora [f] water bottle
canto [m] boulder
capital [f] capital
Capricornio Capricorn
cara [f] face; **cara a cara**: face to face; **poner buena cara**: to look pleased; **poner mala cara**: to pull a long face; **¡qué cara tienes!**: what a cheek you've got!; **jugar a cara o cruz**: to toss a coin
caracol [m] snail
caramelo [m] sweet
caravana [f] camper van
cárcel [f] prison
cardenal [m] bruise
cargador de móvil [m] mobile phone charger
carnaval [m] carnival
carne [f] meat; **carne de vaca:** beef; **carne asada [f]:** roast meat; **carnero [m]:** mutton
carnicería [f] butcher's
caro/a expensive
carrera [f] carrier, race
carrete [m] film (for camera)
carretera [f] road; **carretera de circunvalación [f]** ring road, bypass
carro [m] chariot, trolley (shopping, luggage)
carta [f] letter, menu; **carta de amor [f]:** love letter
cartel [m] poster, notice
cartera [f] wallet
casa [f] house, home
casarse to marry
cascada [f] waterfall
casco [m] helmet, hoof
casi nearly
caso [m] case (occurrence)
castaña [f] chestnut
castigar to punish
castillo [m] castle
catalejos [m] binoculars
catedral [f] cathedral
católico/a Catholic
causa [f] cause
caverna [f] cave
cazadora [f] bomber style jacket
cazuela [f] pan
CD [m] CD
CD virgen [m] blank CD

cebolla [f] onion
cebra [f] zebra
ceder to give in, to give way
celebrar to celebrate
celoso/a jealous
cementerio [m] cemetery
cena [f] supper
cenar to have supper
cenicero [m] ashtray
centro [m] centre; **centro comercial:** shopping centre; **centro de la ciudad [m];** city centre
cepillar to brush
cepillo [m] brush, hairbrush
cera [f] wax, pavement
cerca near
cerdo [m] pork, pig
cereal [m] cereal
cerebro [m] brain
cereza [f] cherry
cero zero
cerrado/a closed
cerradura [f] lock (on door, drawer, etc.)
cerrar to close; **cerrar con llave:** to lock
cerveza [f] beer; **cerveza rubia [f]:** lager; **cerveza amarga [f]:** bitter
césped [m] lawn; **no pisar el césped:** keep off the grass
cesta [f] basket
chaleco [m] waistcoat; **chaleco salvavidas [m]:** life jacket
champiñón [m] mushroom
champú [m] shampoo
chándal [m] tracksuit
chaqueta [f] jacket
charco [m] puddle
charcutería [f] cold meats (such as ham, salami etc.) or shop selling them
charlar to chat
cheque [m] cheque
cheque de viaje [m] traveller's cheque
chica [f] girl
chico [m] boy
chinchón [m] bump
chiste [m] joke
chocar contra to bump into
chocolate [m] chocolate

chuleta [f] chop
ciclista [m/f] biker
ciego/a blind
cielo [m] sky
ciencia [f] science
cierre [m] closure, fastening
cifras [f] figures
cigarro [m] or cigarrillo [m] cigarette
cine [m] cinema
cinta [f] tape; **cinta adhesiva [f]:** adhesive tape
cintura [f] waist
cinturón [m] belt
circular to move along
ciruela [f] plum
cita [f] date, appointment
ciudad [f] town, city
clarinete [m] clarinet
claro/a clear
clásico/a classical
clavo [m] nail
claxon [m] horn (car)
cliente [m] client
climatizado/a air-conditioned
clip [m] clip
cobarde coward
cobrador conductor (bus)
cobro revertido reversed charges (phone)
coche [m] car
cocido [m] stew with chickpeas
cocido/a boiled
cocina [f] kitchen, stove
cocinar to cook
cocinero/a cook, chef
coco [m] coconut
código postal [m] post code
codo [m] elbow
cofre [m] chest/trunk/box
coger to catch (e.g. the bus)
cojonudo/a brilliant
cola [f] tail, queue; **hacer cola:** to queue
colchón [m] mattress
coleccionar to collect
colegio [m] school
colgar to hang up (things, telephone)
coliflor [f] cauliflower
colina [f] hill
collar [m] necklace
color [m] colour

columna [f] spine
colorete [m] blusher
combatir to fight
comedia [f] comedy
comedor [m] dining room
comenzar to start
comer to eat, to have lunch
comestible [m] foodstuffs
cometa [f] kite
comida [f] food, lunch, meal
como siempre as usual
cómo how
como like, as
cómodo/a comfortable
compañía [f] company, firm
compartir to share
completo/a full, booked up
compra [f] shopping
comprar to buy
comprender to understand
común common
con with
con soltura fluently
concha [f] shell
concierto [m] concert
concurso [m] contest, game show
conducir to drive
conductor [m] driver
conejo [m] rabbit
confianza [f] trust
confitería [f] confectionery
conforme a la ley judaica kosher
confrontar to confront
confundir to mix up, to confuse
congelar to freeze
conmigo with me
conocer to meet, to know
conocido/a famous, well-known
consejo [m] advice
consigna [f] left-luggage office
consola [f] console
constipado/a (estar constipada/o) to have a cold
construir to build
consulado [m] consulate
contagioso/a contagious
contaminación [f] pollution
contar to tell (a story), to count

contento/a happy, pleased
contestador automático [m] answerphone
contigo with you
continuar to follow, to carry on
contra against
contrario opposite
controlar to control
copiar to copy
coquetear to flirt
coraje [m] bravery, courage
corazón [m] heart, apple core;
tener el corazón partido: to have had your heart broken by someone
corbata [f] tie
Córcega Corsica
cordero [m] lamb
coro [m] choir
correcto/a correct
corredor [m] corridor, gallery
correo [m] post, mail
Correos post office
correr to run
correspondencia [f] connection (trains); **amigo/a por correspondencia:** pen pal
corrida [f] bullfight
corriente ordinary
cortar to cut
corte [m] cut, type of ice cream
cortés polite
cortinas [f] curtains
corto/a short (things); **corto/a de miras:** narrow-minded
cosa [f] thing
cosas [f] things, stuff
coser to sew
cosmopolita cosmopolitan
costa [f] coast
costar to cost
costumbre [f] custom, habit;
estar acostumbrado/a: to be used to
cotilla [m/f] gossip (a person)
cotillear to gossip
cotilleo [m] gossip
crecer to grow
creer to believe
cremallera [f] zip
crepe [m] pancake
criar to bring up

crin [f] mane (of horse)
crisis [f] crisis
cristal [m] glass
cristiano/a Christian
criticar criticize
crol [m] crawl (swimming)
cruce [m] crossroads
crucigrama [m] crossword
crudo/a raw
crujir to crackle
cruz [f] cross
cruzar to cross, to go through
cuaderno [m] notebook
cuadra [f] stables
cuadro [m] picture
¿cúal? which (one)?
cualquiera any, anyone
cuando when
cuánto how much
cuántos/as how many
cuarto [m] quarter; **las nueve y cuarto:** quarter past nine
cubierto/a covered
cubo [m] bucket; **cubo de la basura [m]:** rubbish bin
cubrecama [m] bedspread
cucaracha [f] cockroach
cuchara [f] spoon
cuchilla [f] razor-blade
cuchillo [m] knife
cuello [m] collar, neck
cuenco [m] bowl
cuenta [f] bill
cuento [m] story
cuerda [f] string, rope
cuero [m] leather
cuerpo [m] body
cueva [f] cave
cuidado [m] care; **tener cuidado:** to be careful;
¡cuidado!: watch out!
cuidar to look after
culebrón [m]* soap opera
culpa [f] guilt; **es tu culpa:** it's your fault
culpable guilty
culto [m] cult
cultural cultural
cumpleaños [m] birthday
cuñado [m] brother-in-law
curar to cure
curioso/a curious, odd, nosy
currar* to work

curso de formación [m] training (for a job)
curva [f] bend

dado [m] dice
daño [m] harm, damage
dar asco to disgust
dar la bienvenida to welcome
dar to give
dardo [m] dart
darse cuenta to realize
darse prisa to hurry
de acuerdo OK
de pie standing
de prisa quickly
de repente suddenly
de from, of
debajo de under
deber to have to, to owe
deberes [m] homework
débil weak
debilidad [f] weakness
decepcionado/a disappointed
decidir to decide
decir to say
dedo [m] finger
defensa [f] defence
degustación [f] tasting
dejar to let, to leave; **dejar en paz:** to leave alone; **dejar caer:** to drop
delante de in front of
delgado/a thin
delicioso/a delicious
delirar to be delirious
demasiado too much
demasiados/as too many
democracia [f] democracy
demoler to demolish
dentera [f] the shivers
dentista [m/f] dentist
dentrífrico [m] toothpaste
dentro inside
depender to depend
dependiente/a shop assistant
deporte [m] sport
deportivo/a sporty
depósito [m] deposit, payment
deprimente [m/f] depressing
deprimido/a depressed
deprisa quickly

derecha [f] right; **a la derecha:** on the right
derecho [m] right, law; **derechos humanos [m]:** human rights
derretirse to melt
derrochar to waste (resources)
desacierto [m] mistake
desafortunadamente unfortunately
desagradable [m/f] unpleasant
desaliñado/a scruffy
desaparecer to disappear
desastre [m] disaster; **¡qué desastre!:** what a disaster!
desayuno [m] breakfast
descafeinado decaffeinated
descalzo/a barefoot
descansar to rest, to have a break
descanso [m] break, rest, interval, intermission
descapotable open top car
descargar [f] download
descaro [m] nerve, cheek
descifrar to decipher, to figure out
descompresor [m] (diving) regulator
describir to describe
descubrir to discover
descuento [m] discount
desde since
desear to wish
deseo [m] wish
deshacerse de to get rid of...
desierto [m] desert
deslizar to slip, to slide
desmayarse to faint
desnudarse to undress
desnudo/a naked
desodorante [m] deodorant
desorden [m] mess
despacio slowly
despegar to take off
desperdiciar to waste (squander)
despertador [m] alarm clock
despertarse to wake up
despilfarrar to waste (money)
después after
destornillador [m] screwdriver

destrozar to bust (break)
destruir to destroy
desván [m] attic
desventaja [f] drawback, disadvantage
desviación [f] detour
detalle [m] detail
detener to stop
detergente [m] washing powder
detrás (de) behind
devolución [f] refund
devolver to pay back, to give back
día [m] day; **día libre [m]:** day off; **al día:** up-to-date
diabético/a diabetic
dialecto [m] dialect
diario [m] personal diary
diarrea [f] diarrhoea
dibujar to draw
dibujo [m] drawing; **dibujos animados [m]:** cartoons
diccionario [m] dictionary
diciembre December
diente [m] tooth
diferente [m/f] different
difícil difficult
dinero [m] money; **dinero efectivo/metálico:** cash
Dios God
diplomático/a diplomatic, tactful
dirección [f] direction, address
directo/a direct; **en directo:** live
director/a director
disco [m] disk, record
discutir to argue, to discuss
diseño [m] design, pattern
disputa [f] argument
distribuidor [m] distributor; **distribuidor automático [m]:** vending machine; **distribuidor de billetes [m]:** ticket machine
divertido/a fun, funny
divertirse to have fun
dividir (entre) to share (with)
divorciado/a divorced
doblar to dub (film), to fold
doble double
docena [f] dozen
documental [m] documentary
documento [m] document

dólar [m] dollar
dolor [m] ache, pain; **tener**
dolor de cabeza: to have a
headache
dolor de garganta [m]:
sore throat
doloroso/a painful
domingo Sunday
donde where
dormir to sleep
dormitorio [m] bedroom
droga [f] drug
ducha [f] shower
dudar to hesitate
dulce sweet (adj.)
dunas [f] dunes
durante during
DVD DVD

echar de menos to miss
echar una mano to give a
hand
ecología [f] ecology
economía [f] economy
edad [f] age
edificio [m] building
editor/a editor
edredón [m] duvet
educación [f] education
educado/a polite
egoísta selfish
ejercicio [m] exercise
el último/la última
last, latest
él he
elástico/a elastic
elección [f] election, choice
eléctrico/a electric
elegante [m/f] elegant
elegir to choose
ella she
embajada [f] embassy
embalse [m] reservoir
embarazada pregnant
embarazoso embarrassing
embarque [m] boarding;
tarjeta de embarque [f]:
boarding pass/card
emergencia [f] emergency
emocionante exciting
empanada [f] turnover
empinado/a steep
empujar to push

en otra parte somewhere else
en at, in
enamorado/a in love;
estar enamorado/a:
to be in love
enamorarse to fall in love
encantar to like, to love
encargarse de to take care of
encender to light, to switch on
enchufar to plug in
enchufe [m] plug
encima (de) on top; **por
encima de:** above
encontrar to find;
encontrarse a gusto: to feel
comfortable; **encontrarse con:**
to meet with (someone)
enero January
enfadado/a upset, annoyed,
angry
enfadarse to get angry
enfermera [f] nurse
enfermo/a ill, sick
enfrente de opposite
engañar to cheat
engordar to get fat, to put on
weight
enhorabuena congratulations
enlace [m] connection (planes)
enrollar to roll up, to wind up
ensalada [f] salad; **ensalada
mixta [f]:** mixed salad
ensayar to rehearse
ensayo [m] rehearsal
enseñar to teach, to show
entender to understand
entendido understood
entero/a whole
entónces then
entrada [f] entrance; **entrada
gratis [f]:** free entry
entre between
entrenamiento [m] training
(sport)
entrenar to train
entrevista [f] interview
entusiasmado/a excited
entusiasta enthusiast
enviar to send
epiléptico epileptic
equipaje [m] luggage
equipo [m] team
equitación [f] riding
equivocado/a wrong; **estar**

equivocado/a: to be wrong
equivocarse to make a
mistake
error [m] mistake
escala [f] stopover (on journey)
escalada [f] rock climbing
escalar to climb
escaleras [f] stairs;
escaleras mecánicas [f]:
escalator
escalofrío [m] shiver
escandaloso/a scandalous,
shocking
escapar to escape, run away
escaño [m] bench, seat
escaparate [m] shop window
escarcha [f] frost (covering)
escarpado/a steep
escayola [f] plaster
escena [f] scene
escenario [m] stage
escocés/a Scottish
Escocia Scotland
esconder to hide
Escorpio Scorpio
escotado/a low-cut
escribir to write
escritor/a writer
escuchar to listen
escuela [f] school; **escuela de
bellas artes [f]:** art school
ese/esa that (adj.)
ése/ésa that one (pronoun)
ésos/ésas those ones (pronoun)
espacio [m] espace
espalda [f] back
España Spain
especia [f] spice
especialidad [f] speciality
espectáculo [m] show
especular to speculate
espejo [m] mirror
espeleología [f] caving
esperar to wait, to hope
espeso/a thick
espina [f] fish bone
espinacas [f] spinach
espíritu [m] spirit
esponja [f] sponge
espontáneo/a spontaneous
esquiar to ski; **esquí náutico
[m]:** water-skiing
esquina [f] corner
estación [f] (estación de

trenes [f]) railway station; **estación de autobuses [f]:** bus station; **estación de esquí [f]:** ski resort; **estación de metro [f]:** tube station

estadio [m] stadium

Estados Unidos United States

estanco [m] shop (where you can buy cigarettes, stamps, phonecards, etc.)

estantería [f] shelf

estar constipado/a to have a cold

estar to be; **estar en números rojos*:** to be overdrawn

estatua [f] statue

este east; **Europe del este:** eastern Europe

este/a this (adj.)

éste/ésta this one (pronoun)

esto this (pronoun)

estómago [m] stomach

estornudar to sneeze

estos/as these (adj.)

éstos/éstas these ones (pronoun)

estrechar la mano to shake hands

estrecho/a narrow

estrella [f] star

estreñido/a constipated

estribo [m] stirrup

estropeado/a out of order

estropear to damage, to spoil

estudiante [m/f] student

estudios [m] studies

estufa [f] heater, stove

estupendo/a terrific, great

estúpido/a stupid

Europa Europe

evidente obvious

evitar to avoid

exagerado/a exaggerated, over the top

exagerar to exaggerate

exámen [m] exam, test

exasperante [m/f] nerve-racking

exceder to exceed

excelente excellent

excéntrico/a eccentric

excepción [f] exception

excepto except

exceso de equipaje [m] excess baggage

excursión [f] day trip

éxito [m] success, hit

exótico/a exotic

experiencia [f] experience

expirar to expire

explicar to explain

explotar to explode

exposición [f] exhibition

exterior outside

extranjero/a foreigner; **en el extranjero:** abroad

extraño/a strange, odd, weird

extraordinario/a extraordinary

fábrica [f] factory

fabricar to manufacture

fácil easy

facturar to check in (luggage)

falda [f] skirt

fallar to fail

falso/a false

falta [f] fault

faltar to be missing

familia [f] family

famoso/a famous

fantástico/a fantastic

farmacia [f] chemist's shop, pharmacy

faro [m] headlight, lighthouse

fascinante fascinating

fastidiar to annoy

fastidio [m] nuisance

fastidioso annoying

febrero February

fecha [f] date (calendar)

felicitar to congratulate

feliz happy

feminista feminist

fenomenal brilliant

feo/a ugly

feria [f] funfair

ferretería [f] hardware shop

ferrocarril [m] railway

festejar to celebrate

fideos [m] noodles

fiebre [f] fever

fiebre del heno [f] hayfever

fiel faithful, loyal

fiesta [f] party; **hacer una fiesta:** to party

fijación [f] binding (ski)

fijar to fix

filete [m] steak

filosofía [f] philosophy

fin [m] end; **fin de semana [m]:** weekend

fingir to pretend

fino/a fine (adj.)

firma [f] signature

flash [m] flash (camera)

flauta [f] flute

flipper [m] pinball

flor [f] flower

flotar to float

fobia [f] phobia

fondo [m] the bottom

forma [f] shape; **en forma:** fit

forrado/a* loaded (with money)

foto [f] photo

fotógrafo [m] photographer

frambuesa [f] raspberry

francés/a French

Francia France

franela [f] flannel

freno [m] brake

fresa [f] strawberry

frescales* [m/f] a skiver

fresco/a fresh, chilled

frigorífico [m] fridge

frijol [m] kidney bean

frío [m] cold

frisbee frisbee

frito/a fried

frontera [f] border

fruta [f] fruit

frutería [f] greengrocer's

fuego [m] fire; **fuegos artificiales [m]:** fireworks

fuente [f] fountain

fuera outside; **fuera de:** out of; **fuera de juego:** offside

fuerte strong, loud

fuerte [m] fort

fumador/a smoker

fumadores smoking; **no fumadores:** non-smoking

fumar to smoke

funcionar to work, function

furioso/a furious

fútbol [m] football; **fútbol americano [m]:** American football

futbolín [m] table football

gafas [f] glasses (spectacles)

gafas de sol [f]: sunglasses;
gafas de esquiar [f]: ski goggles
galería [f] gallery
galés/a Welsh
galleta [f] biscuit
gallina [f] hen, chicken; **ser un gallina*** to be a coward
gamba [f] prawn
ganador/a winner
ganar to win, to earn
ganga [f] a bargain
garganta [f] throat
gas [m] gas; **con gas:** fizzy
gasoil [m] diesel
gasolina [f] petrol
gasolinera [f] petrol station
gastado spent, worn-out
gastar to spend, to use up
gato [m] cat
gazpacho [m] cold summery vegetable soup
gel [m] gel
gemelo/a twin brother/sister
Géminis Gemini
gemir to groan
género [m] gender
generoso/a generous
gente [f] people
geografía [f] geography
gimnasia [f] gymnastics, exercise classes
gimnasio [m] gymnasium
gira [f] tour (music concert)
girar to turn
giro en descubierto overdraft; **tener la cuenta en descubierto:** to be overdrawn
globo [m] balloon
glorieta [f] roundabout
glotón/a greedy (for food)
gobierno [m] government
gol [m] goal (football)
golpe [m] blow
golpear to hit
goma [f] rubber, rubber band
gordo/a fat person
gorra [f] cap; **de gorra*** free; **vivir de gorra:** to be a sponger
gota [f] drop; **gota de lluvia [f]:** raindrop
gracias thank you
gracioso/a funny
grado [m] degree;

licenciatura [f] (university degree)
gramo [m] gram
granada [f] pomegranate
Gran Bretaña Britain
grande big, large
grandes almacenes [m] department store
granja [f] farm
grano [m] spot
grasa [f] fat
gratis free
Grecia Greece
grifo [m] tap
gripe [f] flu
gris grey
gritar to yell, to shout, to scream
grosella negra [f] blackcurrant
grosero/a rude, gross
grumo [m] lump (in liquid)
gruñon grumpy
grupo [m] band, group
guante [m] glove
guapo/a good-looking, pretty, handsome (people)
guardar to keep, to put away
guardarropa [m] cloakroom
guardia [m] guard; **guardia de tráfico [m]:** traffic warden
guerra [f] war
guía [f] phone directory, guide
guía del ocio [f] entertainment guide
guisado [m] stew
guisantes [m] peas
guitarra [f] guitar
guitarrista guitarist
gustar to like; **gustar a:** to be fancied/liked by

haber to have
habilidosa/o crafty
habitación [f] room, bedroom; **habitación doble:** double room; **habitación individual:** single room
hábito [m] habit
hablar to speak, to talk
hablador/a chatterbox
habladuría [f] rumour, gossip
hace it's, ago; **hace frío/calor:**

it's cold/hot; **hace dos años:** two years ago
hacer to do, to make
hacer dedo to hitchhike
hacer el equipaje to pack
hacer el tonto to act the fool, stupid
hacer footing jogging
hacer fotos to take photos
hacerse el sueco to act dumb
hacerse pedazos to fall to pieces
hacerse to become
hacia towards
hacienda [f] house, farm, ranch
hamaca [f] hammock
hambre [m] hunger; **tener hambre:** to be hungry
harina [f] flour
harto/a (estar harto/a) to be fed up
hasta until
hasta luego see you later
hasta pronto see you soon
hay there is/there are; **hay niebla:** it's foggy
hecho (muy hecho) well cooked; **hecho a mano:** handmade
helada [f] frost (freezing)
helado [m] ice cream
helar to freeze
helicóptero [m] helicopter
hermanastro [m] stepbrother
herida [f] injury
hermana [f] sister
hermanastra [f] stepsister
hermano [m] brother
hermoso/a handsome
héroe [m] hero
herradura [f] horseshoe
herramientas [f] tools
hielo [m] ice
hierba [f] grass
hija [f] daughter
hijo [m] son
hilo [m] thread
himno [m] hymn
hincha football fan/supporter
hinchado/a swollen
hindú Hindu
hipo [m] hiccup
hipócrita hypocrite

hipopótamo [m] hippopotamus
historia [f] history, story
hoja [f] leaf, sheet of paper
hojear to leaf through/turn the pages of
¡hola! hello!
Holanda Holland
holgado/a loose, baggy
hombre [m] man
hombreras [f] shoulder pads
hombro [m] shoulder
homosexual homosexual
honesto/a honest
hora [f] hour, time; **puntual:** on time; **hora punta [f]:** rush hour; **¿qué hora es?:** what time is it?; **las tres:** three o'clock
horario [m] timetable
hormiga [f] ant
horno [m] oven
horóscopo [m] horoscope
horrible [m/f] awful, horrible
horror horror
hospedarse to stay, lodge
hospital [m] hospital
hostal [m] small hotel
hotel [m] hotel
hoy today
huelga [f] strike
hueso [m] bone
huevo [m] egg; **huevo frito [m]:** fried egg; **huevo en cáscara [m]:** soft-boiled egg; **huevos revueltos [m]:** scrambled eggs; **huevo cocido/duro:** hard-boiled egg; **huevo escalfado:** poached egg; **huevos a punto de nieve:** whipped egg whites
huir to run away
humano/a human
humor [m] humor, mood; **de buen/mal humor:** in a good/bad mood

ida [f] departure; **de ida:** single journey; **billete de ida:** single ticket; **ida y vuelta:** return journey; **billete de ida y vuelta:** return ticket
idea [f] idea
idioma [m] language, tongue;

lengua materna [f]: mother tongue
idiota idiot
iglesia [f] church
igual equal, same; **¡me da igual!:** I don't care
igualdad [f] equality
imaginar to imagine
imbécil feeble-minded
immigrante [m/f] immigrant
impedir to prevent
imperdible [m] safety pin
impermeable waterproof (adj); raincoat (noun)
importado/a imported
importante important
importar (importar un bledo/rábano) to not care
imposible impossible
impresionante impressive
impresora [f] printer (machine)
incapacitado/a disabled
incluído/a included
increíble unbelievable
India India
indigestión [f] upset stomach
indispensable essential, vital
infeliz unhappy
infierno [m] hell
información [f] information
informarse to get information
informática [f] computing
infusión [f] herbal tea
ingeniero/a engineer
ingenuo/a naïve
Inglaterra England
inglés/a English
ingratitud [f] ingratitude
ingrediente [m] ingredient
iniciar to initiate
injuria [f] an insult
injusto/a unfair
inmadurez immaturity
inmóvil still
inscribirse to register, to sign up for
insecto [m] bug (insect)
insertar to insert
insignia [f] badge
insolación [f] sunstroke
insólito/a offbeat
insoportable unbearable
inspección [f] inspection

institución benéfica [f] charity organization
instrucciones [f] user instructions
instrumento [m] instrument
insulto [m] insult
intelectual intellectual
inteligente intelligent
intención [f] intention
intentar to try
intercambiar to exchange, to swap
interesante interesting
interfono [m] intercom
intermitente [m] indicator
internado [m] boarding school
interrogar to interrogate, question
inútil useless
investigación [f] research
invierno [m] winter
invitación [f] invitation
invitado/a guest
invitar to invite
inyección [f] injection
ir to go; **ir bien/mal:** to go well/bad; **irse:** to leave
ir de compras to go shopping
ir de marcha to go clubbing
ir más despacio to slow down
ira [f] anger
Irlanda Ireland
irlandés/a Irish
irse to leave, to go away
isla [f] island; **las islas Anglonormandas:** the Channel Islands
Italia Italy
IVA VAT
izquierda [f] left

jabón [m] soap
jactarse to boast
jamón [m] ham
jardín [m] garden
jarra [f] jug
jefe [m] boss, leader; **jefe de estación [m]:** station master
jersey [m] sweater
jinete [m/f] rider (on horse)
joven young

joyas [f] jewellery
jubilación [f] retirement
judía [f] bean
judío/a Jewish
judo [m] judo
juego [m] game; **videojuegos [m]**: video games; **sala de juegos [f]/centro recreativo [m]**: amusement arcade
jueves Thursday
jugador/a player; **jugador de fútbol [m]**: football player
jugar to play
juguete [m] toy
julio July
junio June
junto a next to
juntos/as together
jurar to swear
justo/a fair

kilo [m] kilo
kilómetro [m] kilometre

la the [f], her, it
labio [m] lip
laca [f] hair-spray
lado [m] side; **al lado de:** next to
ladrar to bark
ladrón/a thief
lago [m] lake
lágrima [f] tear
lamentar to regret
lamer to lick
lámpara [f] lamp
lana [f] wool
langosta [f] lobster
lanzar to throw
lápiz [m] pencil
largo/a long
lata [f] can, tin
látigo [m] whip
lavabo [m] wash basin, sink
lavadora [f] washing machine
lavandería [f] launderette
lavaplatos [m] dishwasher
lavar to wash
lavarse to wash yourself
le him
lección [f] lesson
leche [f] milk; **leche**

bronceadora [f]: sun cream
leche limpiadora [f] make-up remover
lechuga [f] lettuce
lechuza [f] owl
leer to read
lejos far
lentilla [f] contact lens
lento/a slow
Leo Leo
leotardo [m] leotard
les them
leve light
levantarse to get up
libra [f] pound (sterling)
Libra Libra
libre free; **libre de impuestos (adj):** duty-free
librería [f] bookshop
libreta [f] notebook
libro [m] book; **libro en rústica/de bolsillo [m]:** paperback book
licencia [f] licence
licenciatura [f] degree
ligar con to chat up
ligar to flirt
ligero/a light
ligón/a flirt
lila lilac, purple
lima [f] nail file
limón [m] lemon
limpiaparabrisas [m] windscreen wiper
limpiar to clean
limpio/a clean
lindo/a cute
línea [f] line, dialling tone
linterna [f] torch
lío [m] mess; **¡vaya lío!** what a mess!
lista de espera [f] stand-by
listo/a clever; **estar listo/a:** to be ready
litera [f] sleeper, berth
literatura [f] literature
litro [m] litre
llamada [f] call, phone call
llamar to call, to ring, to phone
llamarse to be called
llave [f] key; **llave inglesa [f]:** adjustable spanner
llegada [f] arrival
llegar a ser to become

llegar to arrive
llenar to fill, to fill up
lleno/a full
llevar to take, to carry, to wear
llevarse bien con to get on/along
llorar to cry
llover to rain; **está lloviendo:** it's raining
lluvia [f] rain
lo siento I'm sorry
loco/a mad, crazy; **estar loco/a-estar mal de la cabeza:** to be out of one's mind
lograr to manage to
loncha [f] slice
loro [m] parrot
lubina [f] sea bass
lugar [m] place
luna [f] moon
lunes Monday
luz [f] light

macarrones [m] macaroni
macho macho
madera [f] wood
madrastra [f] stepmother
madre [f] mother
madrina [f] godmother
maduro/a mature, ripe
mal educado/a rude
mal bad, wrong, badly
maleta [f] suitcase
maletero [m] car boot
mañana [f] morning
mañana tomorrow; **pasado mañana:** the day after tomorrow; **mañana por la mañana:** tomorrow morning; **por la mañana:** in the morning
manatial [m] spring (source of water)
mancha [f] stain
mando a distancia [m] remote control
manera [f] manner, way
manga [f] sleeve
mangar* to nick (steal)
manilla [f] handle
manillar [m] handlebars
mano [f] hand
manquinilla [f] razor
manta [f] blanket

mantequilla [f] butter
manzana [f] apple
mapa [m] map; **mapa de carreteras [m]:** road map
maquillaje [m] make-up
máquina [f] machine
maquinilla de afeitar [f] razor
mar [m] sea
maravilloso/a wonderful
marcar to mark; **marcar un gol:** to score a goal
marcha [f] march; **marcha atrás [f]:** reverse gear; **ir de marcha:** to go out on the town, to have a wild time; **marchoso/a raver; ser un marchoso/ a:** to be a raver
marea [f] tide
mareo [m] seasickness
margarina [f] margarine
marido [m] husband
marinero [m] sailor
marioneta [f] puppet
mariposa [f] butterfly
mariscos [m] seafood, shellfish
marrón brown
Marruecos Morocco
martes Tuesday
martillo [m] hammer
marzo March
más more
máscara [f] mask
mástil [m] mast
matar to kill
matrimonio [m] wedding
mayo May
mayoría [f] the majority
mazo [m] mallet
mecánico [m] mechanic
mechero [m] lighter
media [f] average, stocking
medianoche [f] midnight
medias [f] tights
medicina [f] medicine
médico [m] doctor
medio [m] middle, environment
medio ambiente [m] environment
medio/a half; **son las diez y media:** it's half past ten; **media botella [f]:** half-bottle
mediodía [m] midday, noon

medios de comunicación [m] media
Mediterráneo [m] Mediterranean
medusa [f] jellyfish
mejilla [f] cheek
mejillón [m] mussel
mejor better; **el/la/lo mejor:** the best; **sentirse mejor:** to feel better; **es mejor...:** it is better
melocotón [m] peach
melón [m] melon
mendigar to beg for
mendigo/a beggar
menor underage
menos less; **al menos:** at least; **las ocho menos diez:** ten to eight; **la una menos cuarto:** a quarter to one
mentir to lie
mentira [f] lie
mentiroso/a liar
menú [m] set menu
mercado [m] market
merienda [f] tea (afternoon snack)
mermelada [f] jam
mes [m] month
mesa [f] table
metedura de pata [f] blunder
meter el rollo* to waffle
meter la pata to blunder, to put your foot in it
método [m] method
metro [m] metre, underground, tube
México Mexico
mezclar to mix
mezquita [f] mosque
mi/mis my
microbio [m] bug, microbe
micrófono [m] microphone
microondas [m] microwave
miedo [m] fear; **película de miedo [f]:** scary/horror movie
miel [f] honey
mientras while
miércoles Wednesday
mimado/a spoiled (child)
mío/a mine
miope short-sighted
míos/as mine
mirar to look at; **mirar**

fijamente: to stare
mismo/a (el/la/lo mismo/a) the same
mitad [f] half; **mitad de precio:** half-price
mixto/a mixed
mochila [f] backpack
mochilero/a backpacker
moda [f] fashion; **a la moda:** fashionable
modelo [m/f] model (fashion)
moderno/a trendy
modo de vida [m] lifestyle
mogollón* [m] a lot, much; **mola mogollón:** it's great
mojado/a wet
molar* to like; **me mola:** I like it
molestar to bother, to annoy, to disturb
molestia [f] nuisance
molesto annoying
molino [m] windmill
momento [m] moment
moneda [f] coin
monedero [m] purse
monitor/a instructor
mono [m] overalls
mono/a cute
montaña [f] mountain
montar to ride
montón* [m] heap; **un montón de:** heaps/loads of
monumento [m] monument*; **es un monumento:** she is a beauty
moral [f] morale
morcilla [f] black pudding
morder to bite
moreno/a tanned, dark-haired
morir to die
morriña [f] homesickness
morro* mouth; **estar de morros:** to be in a bad mood; **¡vaya morro!:** what a cheek!
mosca [f] fly
mosquito [m] mosquito
mostaza [f] mustard
mostrador [m] counter
mostrar to show
motivo [m] motive, reason
moto [f] motorbike
mover to move
muchos/as many, a lot

mudarse - paracaídas

mudarse to move house
muelle [m] quay
muerto/a dead
mujer [f] woman, wife
multa [f] fine
multitud [f] crowd
Mundial [m] World Cup
mundo [m] world
muñeca [f] wrist, doll
murallas [f] city walls
músculo [m] muscle
museo [m] museum
músico musician
musulmán/a Muslim
muy very

nacer to be born
nacimiento [m] birth; **fecha de nacimiento [f]:** date of birth
nacionalidad [f] nationality
nada nothing; **de nada:** you're welcome; **no es nada:** it doesn't matter
nadar to swim
nadie nobody
naipes [m] playing cards
naranja [f] orange
nariz [f] nose
nata [f] cream, **nata montada [f]:** whipped cream
natación [f] swimming
natural natural
naturaleza [f] nature
navaja [f] penknife
navegación [f] sailing
navegar por internet to surf the net
Navidad [f] Christmas; **Feliz Navidad:** Merry Christmas
necesario/a necessary
necesidad [f] need
necesitar to need
negro black
nervio [m] nerve; **tener nervio:** to have character; **ser un manojo de nervios:** to be a bundle of nerves; **tener los nervios de punta:** to have butterflies
nevar to snow
nevera [f] cool box, fridge
niebla [f] fog
nieve [f] snow

niñez [f] childhood
niño/a child
no no, not
noche [f] night
nombrar to name
nombre [m] name
normalmente usually
norte [m] north
nosotros/as we
noticias [f] news
novela [f] novel
noviembre November
novio/a boy/girlfriend
nube [f] cloud
nuestro/a/os/as our
nuevo/a new; **de nuevo:** again; **año nuevo [m]:** new year; **Nueva Zelanda:** New Zealand
número [m] number
nunca never

o or
oboe [m] oboe
obra [f] play (theater)
obras [f] roadworks
observar to observe
obturador [m] shutter (camera)
ocio [m] leisure
octubre October
ocupado/a busy, engaged
ocuparse de to take care of...
odiar to hate, to loathe
odioso/a obnoxious, hateful
oeste [m] west
ofendido/a offended
oficial official
oficina [f] office; **oficina de turismo [f]:** tourist office
ofrecer to offer
oído [m] ear (inner)
oír to hear
ojos [m] eyes
ola [f] wave
oler to smell; **oler mal:** to stink
olor [m] smell
olvidar to forget
ombligo [m] belly button
opinión [f] opinion
oportunidad [f] chance
óptico [m] optician's
optimista optimistic

opuesto opposite
orden [m] order
ordenador [m] computer
ordinario/a ordinary
oreja [f] ear (outer)
organizar to organize
orgulloso/a proud
orquesta [f] orchestra
oscuro/a dark
ostra [f] oyster
otoño [m] autumn
otro/a other; **el otro/la otra:** the other one

padrastro [m] stepfather
padre [m] father
padres [m] parents
padrino [m] godfather
pagar to pay
página [f] page
país [m] country
paisaje [m] scenery
pájaro [m] bird
palabra [f] word
palabrota [f] swearword
palacio [m] palace
palo [m] stick
palmear to clap
pamela [f] sunhat for women
pan [m] bread; **bollo [m]:** small baguette; **pan integral [m]:** wholemeal bread
panadería [f] bakery
panel [m] board; **panel de llegadas/salidas [m]:** arrivals/departures board
pánico [m] panic
pantalla [f] screen
pantalón de esquiar [m] ski pants
pantalón de montar [m] jodhpurs
pantalones [m] trousers; **pantalones cortos [m]:** shorts
pañuelo [m] handkerchief
papel [m] paper; **papel higiénico [m]:** toilet paper
papelería [f] stationer's shop
paquete [m] parcel
para for
parabrisas [m] windscreen
paracaídas [m] parachute

parada [f] stop; **parada de autobús [f]:** bus stop; **parada de taxis [f]:** taxi stand
parado/a unemployed person
paraguas [m] umbrella
parar to stop
parasol [m] lens hood (camera)
parecer to seem
parecerse to look like
pared [f] wall
paro [m] unemployment; **en el paro:** unemployed
párpado [m] eyelid
parque [m] park
parque de atracciones [m] theme park
parte [f] part
parte delantera [f] front
parte trasera [f] back of a car, house, etc.
participar to take part
partido [m] political party, or match (of game/sport)
pasado/a de moda old-fashioned
pasaje [m] passage (in street)
pasajero/a passenger
pasaporte [m] passport
pasar to pass, to happen; **pasar de todo*:** not to give a damn; **yo paso*:** count me out; **no te pases*:** don´t over-do it; **¿y qué pasa?:** so what?; **pasa de estudiar*:** he/she isn´t into studying
Pascua [f] Easter
pase [m] pass
pasear to go for a walk
paseo [m] walk, outing
paso [m] footstep
pasta [f] pasta
pastel [m] cake
pastelería [f] cake shop
pastilla [f] pill, tablet
patada [f] kick
patatas fritas [f] crisps, chips, French fries
patético pathetic
patinar to skate; **patinaje sobre hielo [m]:** ice skating
patines [m] roller skates
pato [m] duck
pavo [m] turkey

paz [f] peace
peaje [m] toll
peatones [m] pedestrians
pecas [f] freckles
pecho [m] chest, breast
pedal [m] pedal
pedido [m] order
pedir to order, to ask; **pedir prestado:** to borrow
pegatina [f] sticker
peinado [m] hairstyle
peine [m] comb
pelea [f] fight
pelear to fight
pelearse to have a row
película [f] film
peligroso/a dangerous
pelo [m] hair
pelota [f] ball
peluquero/a hairdresser
pena [f] pity; **what a shame!:** ¡qué pena!
pendientes [m] earrings
pensar to think
pensión [f] bed and breakfast, small hotel; **pensión completa:** full board; **media pensión:** half board
peor worse
pepino [m] cucumber
pepita [f] pip
pequeño/a small
pera [f] pear
perder to lose, to waste (time, chance)
perderse to get lost, to miss; **¡vete a la porra/mierda!:** get lost!
pérdida [f] loss; **pérdida de tiempo [f]:** waste of time
perdido/a lost
perdón sorry, excuse me; **pedir perdón:** to apologize
perdonar to forgive
perdone/a excuse me
perezoso/a lazy
perfecto/a perfect
perfume [m] perfume
periódico [m] newspaper
periodista journalist
permiso [m] (permiso de conducir) driving licence
permitir to allow
pero but

perro [m] dog
persona [f] person
personaje [m] character (in play/cartoon/novel)
pesadilla [f] nightmare
pesado/a heavy, tedious, dull; **ponerse pesado/a:** to be a pest; **¡qué pesado/a eres!:** what a drag you are!
pesca [f] fishing
pescado [m] fish
pesimista pessimistic
peso [m] weight
petanca [f] boules (game of balls)
piano [m] piano
picadura [f] sting
picante hot, spicy
picar to sting
picnic [m] picnic
pie [m] foot
piedra [f] stone
piel [f] skin
pierna [f] leg
pieza [f] pieza de recambio [f]: spare part
pila [f] battery
píldora [f] pill
piloto [m] pilot
pimienta [f] pepper
pin [m] badge
piña [f] pineapple
pincel [m] paintbrush (artist)
pinchada flat (tyre); **tener un pinchazo:** to have a flat tyre
pincharse to puncture
pintar to paint
pinza [f] tweezers, peg
piscina [f] swimming pool
Piscis Pisces
piso [m] flat, floor (level)
pista [f] track (sport), hint (clue); **pista de hielo [f]:** ice rink
pistacho [m] pistacchio
pistola [f] gun
plano/a flat (adj.)
planta [f] floor (level), plant; **planta baja [f]:** ground floor
plantar to plant; **dejar plantado/a:** to dump a girl/boyfriend
plástico [m] plastic
plataforma [f] platform
plátano [m] banana

plato [m] dish, plate
playa [f] beach
plaza [f] square
plomo [m] lead (metal), boring* (adj.) e.g. **ser un plomo:** to be a drag/a bore
pobre poor
poco/a little, not much
poder to be able, can
podrido/a rotten
poema [m] poem
policía [m/f] police officer, cop, police
política [f] politics
pollo [m] chicken
pomelo [m] grapefruit
poner to put
ponerse to put on; **ponerse + adj:** to turn, to become; **ponerse a:** to start; **ponerse a llorar:** to burst into tears; **ponerse colorado/a** to blush
popular popular
por favor please
por fin at last
por qué why
por todos sitios everywhere
por by, through
porque because
portero [m] goalkeeper, caretaker, goalie
posible possible
positivo/a positive
posponer to postpone
postal [f] postcard
postre [m] dessert
potable drinkable, **no potable:** non drinkable
práctico/a practical
precio [m] price; **precio fijo [m]:** set price
preferido/a favourite
prefijo [m] area code
pregunta [f] question
preguntar to ask
preguntarse to wonder
premio [m] prize
preocupado/a worried
preocuparse to worry
preparado/a ready
presentar to present, to introduce someone
prestar to lend
pretencioso/a pretentious

primavera [f] spring
primero/a first; **primer plato [m]:** first course/main course
primeros auxilios [m] first aid
primo/a cousin
principal main; **los 40 principales:** the top 40 charts
principiante beginner
principio [m] start, beginning
prioridad [f] right-of-way, priority
prismáticos [m] binoculars
privado/a private
probable probable, likely
probadores [m] changing rooms (in a shop)
probar to taste
problema [m] problem
procesamiento de textos [m] word processing
profesor/a teacher
profundo/a deep
programa [m] programme
progreso [m] progress
prohibido forbidden;
prohibido fumar: no smoking;
prohibida la entrada: no entry
promedio [m] average
promesa [f] promise
prometer to promise
pronóstico del tiempo [m] weather forecast
pronto soon
propietario/a owner
propina [f] tip (money)
proponer to suggest, to propose
prórroga [f] injury time
protección [f] (protección del medio ambiente [f]) environmental conservation
proteger to protect
próximo/a next
prudente careful
prueba [f] proof
publicidad [f] advertising, publicity
público [m] audience, public
pueblo [m] village
puente [m] bridge
puerro [m] leek
puerta [f] door, airport gate

puerto [m] port, harbour
puesta de sol [f] sunset
puesto de periódicos [m] news stand
pulcro/a neat
pulsera [f] bracelet
puñetazo [m] punch
puño [m] cuff (sleeve)
punta [f] tip, end
punto [m] point, dot
puré de patatas [m] mashed potato
puro/a pure

que who, which, than, that
¡qué! how! what!
¿qué? what? which?
¿qué hora es? what time is it?/what's the time?
quedarse to stay; **quedarse dormido/a:** to drop off (fall asleep)
quejarse to complain
quemadura de sol [f] sunburn
quemar to burn
querer to want; **querer decir:** to mean
querido/a dear
queso [m] cheese
quien, quienes [pl] who(m), which
quincena [f] fortnight
quiosco [m] news stand
quitar to take away
quitarse to take off
quizás perhaps

racista racist
radiador [m] radiator
radio [f] radio
rana [f] frog
rápidamente quickly
rápido/a fast, quick
raqueta [f] tennis bat, racket
raro/a rare, unusual, weird
rascar to scratch
rasgar/ desgarrar to rip
rastro [m] second-hand market, flea market
ratón [m] mouse
raya [f] stripe; **de rayas:** striped

rayo [m] lightning
razón [f] reason; **tener razón:** to be right
razonable sensible
realmente really
rebajas [f] sales
rebeca [f] cardigan
recepción [f] reception
receta [f] recipe
rechoncho/a plump
recibir to receive
recoger to pick up
recomendar to recommend
reconciliarse to make up (become friends again)
reconocer to recognize
recordar to remember, to remind
recto/a straight; **todo recto:** straight ahead
recuerdo [m] souvenir
red [f] net, trap
redondo/a round
reducir to reduce, to limit
regalar to give (as a present)
regalo [m] present
regar to water (the garden)
regatear to bargain
régimen [m] diet; **estar a régimen:** to be on a diet
región [f] region
regla [f] rule, ruler, period
regular regular
reina [f] queen
reirse to laugh; **echarse a reir:** to burst out laughing
reja [f] iron gate, grid
relación [f] relationship
relajado/a relaxed
relajarse to relax
religión [f] religion
relleno/a stuffed
reloj [m] watch, clock
remar to row
remo [m] oar
remoto/a remote/far away
remover to stir
RENFE (Spanish railways)
reñir to quarrel, to tell off
reparar to repair
repente (de repente) suddenly
repetir to repeat
reponer to replace, put back
reportaje [m] report, article

representación [f] performance
reproductor de CD [m] CD player
reproductor de DVD [m] DVD player
reproductor de MP3 [m] MP3 player
repugnante [m/f] disgusting
reserva [f] booking, reservation
reservado/a reserved
reservar to book, to reserve
respuesta [f] answer
resfriado [m] cold
resfriarse to cool, to catch a cold
respirar to breathe
responder to answer, to reply
respuesta [f] answer
restaurante [m] restaurant
resto [m] rest
resultado [m] result
retén [m] lock on steering wheel
retirada [f] withdrawal
retraso [m] delay; **con retraso:** late
retrato portrait
retroceder to move backwards
reunión [f] meeting
reventar to burst
revés [m] reverse side, wrong side, backhand (tennis); **al revés:** inside out, upside-down
revisor [m] ticket inspector
revista magazine
rico/a rich
ridículo/a ridiculous
riendas [f] reins (riding)
riesgo [m] risk
rígido/a stiff
rímel [m] mascara
riñón [m] kidney
riñonera [f] bum bag, money belt
río [m] river
ritmo [m] rhythm, beat
rizado curled (hair)
rizo [m] curl; **rizado:** curly
robar to steal/rob
robo [m] burglary, theft
roca [f] rock
rock and roll [m] rock´n roll

rodilla [f] knee
rojo red
romántico/a romantic
romper to break
romperse to get broken
roncar to snore
ronda [f] round of drinks
ropa [f] clothes
ropa interior [f] underwear
rosa pink
rosa [f] rose
roto/a broken
rubio/a blond; **el rubio/la rubia:** the blond one
rueda [f] tyre, wheel
ruido [m] noise
ruinas [f] ruins
rumor [m] rumour
ruta [f] route

sábado Saturday
sábana [f] sheet
saber to know
sabor [m] taste, flavour
sacacorchos [m] corkscrew
sacar dinero to withdraw money
sacar fotos to take photos
saco de dormir [m] sleeping bag
Sagitario Sagittarius
sagrado/a sacred
sal [f] salt
sala de espera [f] waiting room
salado/a salty; funny*, witty*, charming*
salami [m] salami
salario [m] salary, wages
salchicha [f] sausage
salida [f] departure, way-out, exit; **salida de emergencia [f]:** emergency exit
salir to go out
salmón [m] salmon
salón [m] living room; **salón de té [m]:** tea room
salsa [f] sauce
saltar to jump
salud [f] health
salvaje wild
salvar to save
sandía [f] watermelon

sandwich [m] sandwich
sangrar to bleed
sangre [f] blood
sano/a healthy
saque inicial [m] kick-off
sarcástico/a sarcastic
sartén [f] frying pan
saxofonista [m/f] saxophonist
saxófono [m] saxophone
se alquila to let, for hire/rent
secador [m] hair-drier
secadora [f] tumble dryer
secar to dry
seco/a dry
secretaria [f] secretary
secreto [m] secret
secundaria [f] (ESO)
secondary school
sed [f] thirst; **tener sed:** to be
thirsty
seducir to seduce
seguir to follow
según according to
segundo second
seguramente probably
seguridad [f] safety; **cinturón
de seguridad [m]:** safety belt
seguro [m] insurance
seguro/a sure
self-service [m] self-service
sellar to stamp
sello [m] stamp
semáforo [m] traffic lights
semana [f] week
Semana Santa [f] Easter
señal [f] sign
señalar to point, to underline
sendero [m] path
señor [m] Mr., Sir
señora [f] lady, madam, Mrs.
señorita [f] Miss
sentado/a sitting down
sentarse to sit down
sentido [m] sense; **no tiene
sentido:** it doesn't make sense;
sentido común [m]: common
sense; **sentido único:** one-way
sentir to feel; **lo siento:** sorry,
desolate
sentirse mal/bien to feel
well/not well
separar to separate
septiembre September
ser to be

serenarse to calm down
serio/a serious
seropositivo/a HIV positive
serpiente [f] snake
servicio [m] toilet, sevice
servilleta [f] napkin
servir to serve, to be used for;
servirse: to help yourself
sesión [f] session, showing (of
film, movie)
sexo [m] sex
shandy [f] shandy
si if
sí yes
si no otherwise
SIDA AIDS
sidra [f] cider
siempre always
siglo [m] century
silbar to whistle
silencio [m] silence
silla [f] chair; **silla de ruedas
[f]:** wheelchair; **silla de montar
[f]:** saddle
sillón [m] armchair
simpático/a friendly
simple simple
sin without **sin blanca (estar
sin blanca*)** to be broke
(without money)
sincero/a honest, sincere
si no destiny, fate
sintetizador [m] synthesizer
sitio [m] place
sobre [m] envelope
sobre todo above all
sobrina (f) niece
sobrino (m) nephew
socio/a partner
socorrista [m/f] lifeguard
software [m] software
sol [m] sun
solamente only
solapa [f] lapel
soldado [m] soldier
soleado/a sunny
sólo only
solo/a alone, lonely
soltero/a single (unmarried)
sombra [f] shade
sombrero [m] hat
sombrilla [f] parasol
sonar to sound
soñar to dream

sonido [m] sound
sonrisa [f] smile
sopa [f] soup
soportar to bear; **no soporto:**
I can't stand...
sordo/a deaf
sorpresa [f] surprise
sótano [m] basement
su her, his, their
suave soft
subir to go/walk up
submarino/a underwater
subterráneo/a underground
subtítulo [m] subtitle
sucio/a dirty
sudar to sweat
suegro/a father/mother-in-law
suerte [f] luck
sufrir to suffer
Suiza Switzerland
suizo/a Swiss
sujetador [m] bra
sujeto [m] subject
suma [f] sum
superficial superficial
supermercado [m]
supermarket
supersticioso/a superstitious
suplemento [m] supplement
suponer to suppose
supositorio [m] suppository
sur [m] south
suspender to fail (exam)
susurrar to whisper

tabaco [m] tobacco
taberna [f] inn, pub
tabla [f] board; **tabla de
windsurf [f]:** windsurf
tacaño/a stingy
tal such
tal vez maybe, perhaps
talentoso/a talented
talla [f] size
taller [m] workshop
tallo [m] stalk
talonario [m] cheque-book
también also, too
tampón [m] tampon
tan ... como as ... as
tanteo [m] score
taquilla [f] ticket office
tarde [f] afternoon

tarde late
tarifa [f] fare; **tarifa completa [f]:** full fare; **tarifa reducida [f]:** reduced fare
tarjeta de crédito [f] credit card
tarta [f] cake; **tarta de cumpleaños [f]:** birthday cake
Tauro Taurus
taxi [m] taxi; **taxista [m/f]:** taxi driver
taza [f] cup
té [m] tea
teatro [m] theatre
techo [m] ceiling
tecla [f] key
técnico [m] mechanic, technician
tejado [m] roof
tela [f] fabric
teleférico [m] cable car
teléfono [m] phone; **teléfono de tarjeta [m]:** card phone; **teléfono de monedas [m]:** coin phone
telenovela [f] soap opera
telesilla [f] chair lift
telesquí [m] drag lift
televisión/tele [f] television
temblar to shiver
temperatura [f] temperature
templo [m] temple
temporada baja [f] off season
temporal temporary
temprano early
tenedor [m] fork
tener agujetas to feel stiff
tener cuidado to watch out
tener to have
tenis [m] tennis; **tenis de mesa [m]:** table tennis
tensión [f] tension, blood pressure
tenso/a tense, up-tight
tentador tempting
tercero/a third
terminar to finish
termo [m] flask
termómetro [m] thermometer
ternera [f] veal
terreno [m] plot of land
terrible dreadful

tez [f] complexion
tía [f] aunt
tiempo [m] weather, time; **¿qué tiempo hace?:** what's the weather like?; **tener tiempo:** to have time; **tiempo libre [m]:** spare time
tienda [f] shop; **tienda (de campaña):** tent; **tienda de discos [f]:** music store
tijeras [f] scissors
tímido/a shy
timo [m] (es un timo) it's a rip off
timón [m] rudder, helm
tío [m] uncle, guy*
típico/a typical
tipo [m] type
tirar to throw, to throw away, to pull, to shoot
tisana [f] herbal tea
titular [m] headline
título [m] title
toalla [f] towel
tobillo [m] ankle
tocar to touch; **te toca:** your turn
todavía still; **todavía no:** not yet
todo all, everything; **todo el mundo:** everybody; **todo lo demás:** everything else; **todos los demás:** everybody else; **todos los días:** everyday
tomar el pelo to tease, to have someone on
tomar el sol to sunbathe
tomar to take; **tomar algo:** to have a drink; **ir a tomar** algo: to go for a drink
tomate [m] tomato
tontería [f] nonsense; **decir tonterías:** to talk nonsense
tonto/a silly
topless [m] topless
torcedura [f] sprain
torcer to turn
tormenta [f] storm, thunderstorm
tornillo [m] screw
torre [f] tower
tortilla [f] omelette
toser to cough
tostado/a toasted

trabajar to work
trabajo [m] work, job
tractor [m] tractor
tradicional traditional
traducción [f] translation
traducir to translate
traer to bring
tráfico [m] traffic
tragar to swallow
tragedia [f] tragedy
traje [m] suit, costume; **traje de buzo [m]:** wetsuit; **traje de esquí [m]:** ski suit
trampolín [m] diving board
tranquilizarse to calm down
tranquilo/a laid-back, peaceful
trasero [m]/ culo [m]* bottom
trastos viejos [m] junk
trastornado/a disturbed
travesía [f] crossing (by boat)
tregua [f] truce
tren [m] train
trenza [f] plait (hair), braid
trimestre [m] term
triste sad
trompeta [f] trumpet
trozo [m] piece
trueno [m] thunder
tú you
tu/tus your
tubo de respiración [m] snorkel
tumbarse to lie down
tumbona [f] deck-chair
túnel [m] tunnel
Túnez Tunisia
turismo [m] tourism; **oficina de turismo [f]:** tourist office
turista [m/f] tourist
turístico/a touristy

UE (Unión Europea) EU
un/una/uno a, an, one
único/a unique; **el/la único/a:** the only one; **hijo/a único/a:** only son/daughter
universidad [f] university
urgencia [f] emergency
urgente urgent
usar to use
usted you (pol.sing.)
ustedes you (pol.pl.)
usual usual

útil useful

uvas [f] grapes; **racimo de uvas [m]:** bunch of grapes

V.O. (versión original) original version (film/movie)

vaca [f] cow

vacaciones [f] holidays

vacío/a empty

vacuna [f] vaccination

vagabundo/a homeless person

vagabundos [m] the homeless

vagón [m] wagon; **vagón-restaurante [m]:** restaurant car; **coche-cama [m]:** sleeping car

vainilla [f] vanilla

vale OK, all right

valiente [m/f] brave

valor [m] value; **objetos de valor [m]:** valuables

vaqueros [m] jeans

variado/a varied

vecino/a neighbour

vegetariano/a vegetarian

vejez [f] old age

vela [f] candle, sail; **vela mayor [f]:** main sail

velocidad [f] speed

venda bandage

vender to sell; **se vende:** for sale (sign)

vendimia [f] grape harvest

venenoso/a poisonous

vengarse to get your revenge

venir to come

ventaja [f] advantage

ventana [f] window

ventanilla [f] desk/bank/office counter

ventilador [m] fan

ver to see

verano [m] summer

verdad [f] truth

verdadero/a genuine, true

verde green

verdulería [f] greengrocer's

verdura [f] vegetable

vereda [f] pavement, path

vergüenza [f] shame, **¡qué vergüenza!:** how embarrassing!

vespa [f] moped

vestido [m] dress

vestirse to get dressed

vestuario [m] changing room

vez [f] time, occasion

viajar to travel

viaje [m] journey, trip; **viaje de novios:** honeymoon; **¡buen viaje!:** have a good trip!

viajero/a traveller

vid [f] vine

vida [f] life; **en mi vida:** never in my life; **ganarse la vida:** to earn one's living; **nivel de vida [m]:** standard of living; **darse/pegarse la gran vida:** to live it up

vídeo [m] video recorder, video tape

viejo/a old

viento [m] wind; **hace viento:** it's windy

viernes Friday

vigilar to keep an eye on

vil vile

viña [f] vineyard

vinagre [m] vinegar

vinagreta [f] french dressing

vino [m] wine; **ir de vinos:** to go for drinks; **vino blanco/tinto/ rosado:** white/red/rosé wine; **vino de la casa:** house wine; **vino de mesa:** table wine; **vino peleón:** cheap wine, plonk

violín [m] violin

violoncelo [m] cello

Virgo Virgo

visera [f] visor, peak

visitar to visit

vista [f] view, sight

vitrina [f] shop window

viudo/a widow/widower

vivir to live

vivo/a lively

volante [m] steering wheel

volar to fly

voluntario/a voluntary

volver to return, to go back; **volver la espalda:** to turn one's back

volverse to become, to turn around

vomitar to vomit, to be sick

vosotros/as you

votar to vote

voz [f] voice

vuelo [m] flight

vuelta [f] return

vuestro/a/os/as your

windsurfista [m/f] windsurfer

y and

ya already

ya basta it's/that's enough

yate [m] yacht

yema [f] egg yolk

yerno [m] son-in-law

yo I, me

yoga yoga

yogur [m] yogurt

zalamero/a flattering, suave

zanahoria [f] carrot

zapatería [f] shoe shop

zapatilla [f] slipper

zapatillas de deporte [f] trainers

zapato [m] shoe; **botas de escalada [f]:** climbing shoes

zarzamora [f] blackberry

zodiaco [m] zodiac

zoo [m] zoo

zoom [m] zoom

zopenco/a* daft, stupid

zueco [m] clog

zumbado/a* crazy, mad

zumo [m] juice

zurdo/a left-handed

First published in 2009 by Usborne Publishing Ltd.,
Usborne House, 83-85 Saffron Hill, London EC1N 8RT, England. www.usborne.com